Stöppel Freizeitführer 252

Volker Rose

Nordic Walking

Die 27 schönsten Strecken rund um Stuttgart und Umgebung

Tourenübersicht

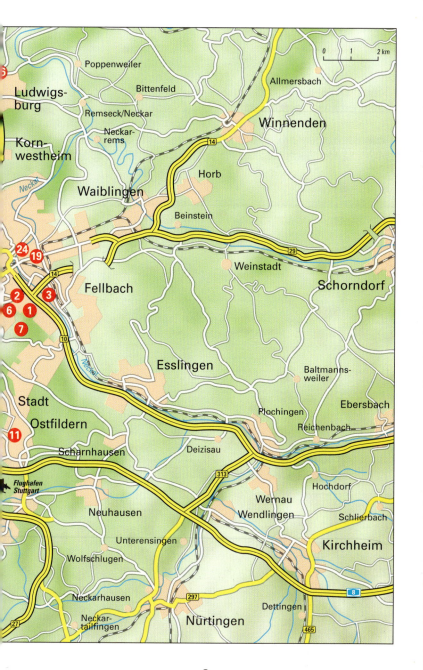

Der Autor:
Volker Rose ist INWA Nordic Walking Mastertrainer und seit 30 Jahren Breitensportler.

Trotz größter Sorgfalt bei Recherche und Zusammenstellung der Touren in diesem Buch können Autor und Verlag für die Angaben keine Gewähr übernehmen.
Auf jeden Fall freuen wir uns über Korrekturen, Anregungen und Verbesserungen zu diesem Freizeitführer. Bitte senden Sie diese an: STÖPPEL FreizeitMedien GmbH, Mandichostr. 18, 86504 Merching.

Bildnachweis:
Alle Bilder vom Autor mit Ausnahme von: Umschlagbild oben Dieterich/f1online und Umschlagbild unten SWIX©

Bibliografische Information der Deutschen Bibliothek
Die Deutsche Bibliothek verzeichnet diese Publikation in der Deutschen Nationalbibliografie, detaillierte bibliografische Daten sind im Internet unter http://ddb.de abrufbar.

© 2004 STÖPPEL FreizeitMedien GmbH, 86504 Merching
www.stoeppel.de

Redaktion, Layout und Herstellung:
Der Buch*macher*, Arthur Lenner, München
Karten: Computerkartographie Carrle, München
Umschlaggestaltung: Uhlig/www.coverdesign.net
Druck: EOS, St. Ottilien
Printed in Germany

ISBN 3-89987-252-5

Inhaltsverzeichnis

Einführung

Tourenübersicht	2/3
Vorwort	7
Symbole/Kartenlegende	8
Fitness auf Finnisch	9
Gesundheit	12
Ausrüstung	15
Technik	19
Training	25

Die Touren 33

1. Durch den Stuttgarter Schlossgarten	34
2. Vom Mineralbad Berg zum Schloss Rosenstein	38
3. Von den Mineralbädern zum Daimlerstadion	41
4. Rund um die Bärenseen	43
5. Zum Katzenbacherhof und Katzenbachsee	45
6. Rund um die Villa Berg	47
7. Der Stuttgarter Osten: zur Schillerlinde	50
8. Unterhalb des Fernsehturms	53
9. Kickers Stadion	57
10. Um den Asemwald	61
11. Hohenheimer Anlagen	65
12. Siebenmühlental	69
13. Vom Bahnhof um die Seen des Gartenschaugeländes	73
14. Vom Waldheim Sommerhof durch den Sommerhofenpark	77
15. Um den Schönaicher First	80
16. Die Ludwigsburger Schlösser	82
17. Stuttgart Mitte	86
18. Vom Feuersee zur Karlshöhe	89
19. Im Kurpark des Mineralbades Cannstatt	93
20. Durch den Steigwald	97
21. Durch den Feuerbacher Wald	99
22. Höhenpark Killesberg	101
23. Durch die Weinberge von Eltingen	106
24. Von den Mineralbädern zum Max-Eyth-See	109

25. Durch den Kräherwald 113
26. Durch den Naturpark Schönbuch 117
27. Zur Villa Reitzenstein 120

Service-Teil

Service 123
Ortsregister 130
Trainingsprotokoll 132

Vorwort

Gibt es etwas schöneres als einen Outdoorsport zu betreiben? Welche Halle oder welches Studio kann das bieten: Vogelgezwitscher und lärmende Frösche. Kein Schweissgeruch oder quietschendes Laufband! Für mich gibt es nichts Schöneres als die Veränderungen der Natur und Reize der Jahreszeiten im Wald oder auf den Wiesen zu erleben. Wenn Sie genauso denken ist das Buch das richtige für Sie!

Nordic Walking ist der neue Renner. Und es bietet für jeden etwas, für den Gesundheitssportler und für den sportlichorientierten, für Jüngere und für Ältere. Auch die Streckenvorschläge bieten für jeden etwas: Reine Naturstrecken mit unterschiedlicher Länge und unterschiedlichen Schwierigkeitsgraden und Strecken im Stadtgebiet von Stuttgart, bei denen man gleichzeitig auf Entdeckungsreise gehen kann. Dabei sollte man die Scheu überwinden auch in der Stadt mit den Stöcken zu walken, die Kommentare: „Habt ihr die Skier vergessen?" werden wir kaum noch hören. Eines ist aber ganz wichtig: Sport soll Spass machen, auch wenn man noch andere Ziele hat, die man mit Nordic Walking erreichen kann: Etwas für die Gesundheit zu tun, seine Fitness zu verbessern oder als Leistungssportler eine alternative Trainingsmöglichkeit zu haben.

27 Strecken sind hier vorgeschlagen, alle mit Orientierungskarten und mit bunten Fotos, die ebenfalls das Zurechtfinden erleichtern. Zusätzlich ist jede Tour mit weiteren Infos versehen, die Längen wurden per GPS vermessen.

Bei der Recherche zu diesem Buch habe ich rund 400 km zurück gelegt, doch Vollständigkeit ist natürlich trotzdem unmöglich. Über Vorschläge zu neuen Strecken oder Verbesserungsvorschläge würde ich mich sehr freuen.

Und nicht vergessen: Lächeln, denn jeder soll sehen, dass wir Spass beim Sport haben!

Ihr Volker Rose

Touren-Symbole

START Startpunkt, Ausgangsort

km Streckenlänge, Dauer der Tour

▲ Höhendifferenz

S Schwierigkeit

🚴 Streckeninformation/Wegbeschaffenheit

☞ Orientierung

☼ Jahreszeit

🚗 Anreise mit dem PKW

🚌 Anreise mit öffentlichen Verkehrsmitteln

P Parkplätze mit kurzer Beschreibung der Anfahrt

⌂ Einkehrmöglichkeiten

 Höhenprofile zeigen die Steigungsverteilung an

Kartenlegende

★	Sehenswürdigkeit	⚱	Turm
⛪	Kirche, Kapelle	⚙	Wassermühle
†✝†	Friedhof	❋	Aussichtspunkt
♜	Burg, Schloss	✚	Krankenhaus
M̂	Museum	P	Parkplatz
≋ 🏠	Freibad, Hallenbad	Bf	Bahnhof
⌂	Gasthaus	U S	U-Bahn / S-Bahn

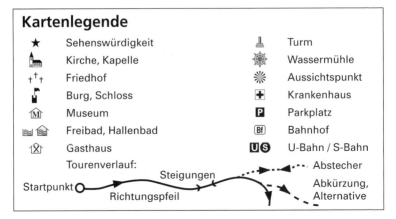

Sauvakävely – Fitness auf Finnisch

Melancholische Trostlosigkeit der Arbeiter in Helsinki und alkoholsüchtige Bauerntölpel in der Provinz - das finnische Kino zeichnet ein amüsantes aber wenig vorteilhaftes Bild seiner Landsleute. Doch die Realität im Land der unzählbaren Seen und unendlichen Wälder sieht heute ganz anders aus: Bewegung und Sport in der freien Natur stehen bei den Finnen ganz hoch im Kurs. So ist es wohl kein Zufall, dass in Finnland die Wurzeln des Nordic Walkings liegen.

Ganz neu ist diese Sportart natürlich nicht. Wintersportler nutzten schon seit Jahrzehnten die Langlaufstöcke für ihr Sommertraining. Doch mit dem heutigen Nordic Walking hatte das sowohl von der Bewegung als auch vom Material her wenig zu tun. Die Stöcke waren zunächst schwerer und viel länger als heute üblich. Die Bewegung der „Skigänger" ist heute Teil des Trainingsplans beim sportlichen Nordic Walking. Ein Beispiel hierfür sind z. B. Schritt-Sprünge, bei denen der kraftvolle Abdruck trainiert wird.

Wer in den Bergen unterwegs ist, kennt das gelenkschonende Gehen mit Stöcken zwar schon lange. Doch auch hier liegen die Unterschiede zum Nordic Walking vor allem im Material. Leichte Carbonstöcke, spezielle Spitzen und ein innovatives Handschlaufensystem brachten den Durchbruch zu einer eigenständigen Sportart. Ein finnischer Stockhersteller und eine finnische Sportschule trugen maßgeblich dazu bei, dass aus dem Sommertraining von Leistungssportlern ein Breitensport wurde. Beeinflusst wurde die Sportart auch von der Walking-Bewegung aus den USA.

Es ist schon verflixt mit der englischen Sprache. Die Marketingmaschinerie überflutet uns mit englischsprachigen Begriffen und der Verbraucher lässt sich von diesen Modewörtern nur allzu gerne einwickeln. Muss es wirklich sein, dass man z. B. das altbewährte Seilspringen als „Rope Skipping" verkauft? Wohl kaum, doch Hand aufs Herz: Hätten Sie sich jemals für die Sportart „Sauvakävely" oder „Stockgang" interessiert? Die Erfindung des Begriffs „Nordic Walking" ist daher auch ein wichtiger Meilenstein, der die weltweite Verbreitung unterstützte.

In Finnland hat laut einer Umfrage jeder zweite Einwohner Nordic Walking bereits ausprobiert. Die sportliche Betätigung in der freien Natur stößt bei den traditionell naturliebenden Finnen auf große Begeisterung. Mit ein wenig Verzögerung verbreitet sich die Sportart auch im restlichen Europa. Nach der Sauna wird Nordic Walking zum neuen finnischen Exportschlager. In Deutschland schießen die Nordic Walking Schulen wie Pilze aus dem Boden und bei den zahlreichen Nordic Walking Verbänden verliert man fast den Überblick.

Besonders die Krankenkassen freuen sich über die neue Trendsportart, denn gesunde Mitglieder sind für sie im wahrsten Sinne des Wortes Gold wert. Sanftes Nordic Walking eignet sich perfekt für übergewichtige und untrainierte Personen. Es ist daher nicht weiter erstaunlich, dass viele Nordic Walker Sport Neueinsteiger sind, die den Absprung vom Sofakissen geschafft haben. Bis jetzt ist auch die Geschlechterverteilung eindeutig: Der Anteil an Frauen ist überproportional hoch.

Nicht zuletzt ist Nordic Walking auch ein lukrativer Markt, von dem jeder ein Scheibchen abhaben will. Fremdenverkehrsämter eröffnen Nordic Walking Parks und veranstalten Schnupperkurse oder Wettbewerbe. Meinen Augen nicht trauen wollte ich 2003 in Südkorea: Beim Wandern im Nationalpark begegnete mir doch tatsächlich ein koreanischer Anhänger der Sportart! Das sanfte Walken mit zwei Stöcken ist zur weltweiten Fortbewegungsart geworden.

Fans von Ystad bis Ootoki – Nordic Walking wird zum Weltsport

Heilspredigten der Nordic-Walking-Götter
Jeder Modetrend bringt aber auch Übertreibungen mit sich. Die Vorteile dieser Sportart sind zwar offensichtlich, doch das Rad wurde damit nicht neu erfunden. So ist es manchmal etwas erstaunlich, wie mit zweifelhaften Statistiken jongliert und übertriebenen Vorteilen geworben wird, um die Heilsbotschaft der Nordic Walking-Lehre zu verkünden. Weder ist Nordic Walking das mühelose Diätwunder, noch der endlich entdeckte Schlüssel zur Unsterblichkeit. Die medizinischen Vorteile sind zweifelsohne vorhanden, Übertreibungen daher gar nicht nötig.

Auch das teilweise dogmatische Verteufeln des „stocklosen" Laufens ist aus meiner Sicht eher abschreckend. Ob man ausschließlich Nordic Walking betreibt, oder die neue Ganzkörpersportart nur als Ergänzung sieht, sollte man der Freiheit des Einzelnen überlassen. Laufen, Rad fahren, Wandern, Schwimmen und zahlreiche andere Sportarten haben alle ihren Reiz und ihren gesundheitlichen Nutzen.

Immer ist dabei jedoch von entscheidender Bedeutung, wie diese Sportarten ausgeübt werden. Das gilt besonders für Nordic Walking, das Viele mit einer falschen Technik betreiben. Zahlreiche gesundheitliche Vorteile sind dann nur noch auf dem Papier vorhanden. Neueinsteigern kann daher nur geraten werden, sich von einem Experten auf die Stöcke schauen zu lassen. Das muss nicht immer ein Trainer sein, es kann natürlich auch ein Nordic Walking Anhänger aus dem Freundeskreis sein. Doch dann sollte man sich sicher sein, dass dieser auch die Technik beherrscht.

Bei allen Statistikspielereien, mit denen die Vorteile der verschiedenen Sportarten verglichen werden, eines wird dabei nicht erfasst: die Zufriedenheit und psychische Ausgeglichenheit, die jeder auf seine Weise entdeckt. Wer sich mit den beiden Stöcken angefreundet hat und seine ersten Touren entlang von goldenen Weizenfeldern, rauschenden Bächen und Schatten spendenden Wäldern hinter sich hat, wird diesen Sport lieben. Tief in unserem Herzen sind wir doch alle Finnen!

Kristian Bauer

Gesundheit

Bewegung in der Natur ist das beste Rezept für Wohlbefinden und Gesundheit
Ruhe, Einsamkeit und die Stille der Natur ziehen gerade in unserer hektischen Zeit wieder vermehrt Menschen in ihren Bann. Das Wandern in den Bergen erlebt momentan eine Renaissance und Nordic Walking ist die neue Gesundheitssportart.

Schon vor 50 Jahren waren die skandinavischen Langläufer im Sommertraining ohne Ski stundenlang mit Ihren Stöcken unterwegs. Auch jetzt noch wird diese Art des Trainings im Skilanglauf, Biathlon und in der Nordischen Kombination angewandt und „SKIGANG" genannt. Um die Bedingungen des Skilanglaufs zu simulieren, werden Skistöcke für eine Reihe von Übungen eingesetzt, bei denen man in allen Geländearten springt, geht oder läuft.

Anfang der 90er Jahre wurden in Finnland von Ärzten, Spitzensportlern und der Industrie spezielle Nordic Walking Stöcke konzipiert. Durch die Verwendung von Stöcken aus einem Karbon-Glasfasergemisch und einem speziellen Handschlaufensystem wurde eine Ganzkörpertrainingsart entwickelt, die sowohl das Herz-Kreislauf-System als auch circa 90% der gesamten Muskulatur trainiert.

Dies bedeutet, dass auch der Oberkörper aktiv in die Bewegung einbezogen wird und Bauch-, Brust-, Rücken-, Arm- und Schultermuskulatur zusätzlich zur Muskulatur der unteren Extremitäten gekräftigt werden. Außerdem werden beim Nordic Walking Schulter- und Nackenverspannungen gelöst, viele Kalorien verbrannt, und die Hüft-, Knie- und Fußgelenke entlastet.

Die Stöcke vermitteln zusätzlich auf glattem Untergrund ein sicheres Laufgefühl und können für Kräftigungs- und Dehnübungen eingesetzt werden. Nordic Walking ist schnell erlernbar und unabhängig von Alter, Geschlecht oder Kondition für nahezu jeden geeignet.

Nordic Walking ist so gesund, weil:

1. Nordic Walking trainiert die aerobe Ausdauer und kräftigt gleichzeitig circa 90 % unserer gesamten Muskulatur
2. Nordic Walking kann eine Lockerung von Muskelverspannungen im Schulter- und Nackenbereich bewirken
3. Nordic Walking verbessert die Herz- Kreislaufleistung
4. Nordic Walking entlastet den Bewegungsapparat und ist daher besonders geeignet für Personen mit Übergewicht, Knie- und Rückenproblemen
5. Nordic Walking wirkt positiv auf das Immunsystem
6. Nordic Walking ist weit aus effektiver als Walking ohne Stöcke
7. Nordic Walking verbindet gesundes Abnehmen mit Naturerlebnis
8. Nordic Walking fördert den Abbau von Stresshormonen
9. Nordic Walking verzögert den Alterungsprozess
10. Nordic Walking fördert Kreativität und das Denkvermögen
11. Nordic Walking mindert die Insulinresistenz, beugt effektiv Diabetes vor
12. Nordic Walking stärkt die Knochen, mindert das Osteoporose-Risiko
13. Nordic Walking reinigt die Blutgefäße und senkt die Blutfettwerte
14. Nordic Walking ist der perfekte Ausgleich für Körper und Seele

Heute ist unstrittig, dass Bewegungsmangel ein Risikofaktor für die Gesundheit ist.

Viele der heutigen Zivilisationskrankheiten würden weit weniger häufig auftreten, würden sich die Menschen nur genügend an der frischen Luft bewegen.

Große Bevölkerungsstudien belegen, dass ein zusätzlicher Energieverbrauch durch körperliche Aktivität von etwa 1000 kcal pro Woche insbesondere das Herz/Kreislauf-Erkrankungsrisiko stark reduziert, aber auch präventiv wirksam ist. Dies wird in den hoch industrialisierten Ländern derzeit nur von maximal 10–20 % der erwachsenen Bevölkerung erreicht.

Die Folgen sind katastrophal für die Lebensqualität, für die Entstehung insbesondere von Herz-Kreislauf- sowie Muskel-Skelett-Erkrankungen. Körperliche Inaktivität mit ihren Folgen wurde demzufolge bereits als das zentrale Gesundheitsproblem des dritten Jahrtausends bezeichnet. Bewegung, die Ziel gerichtet, regelmäßig, mit moderater Intensität und einen Mindestumfang von etwa zwei Stunden pro Woche durchgeführt wird, stellt gesichert einen zentralen Schutzfaktor der Gesundheit dar.

Besonders die Krankenkassen freuen sich über die neue Trendsportart, denn gesunde Mitglieder sind für sie im wahrsten Sinne des Wortes Gold wert. Viele der gesetzlichen Krankenkassen beteiligen sich an den Kurskosten. Sanftes Nordic Walking eignet sich perfekt für übergewichtige und untrainierte Personen.

Die Zeiten, in denen Nordic Walker als Exoten betrachtet werden sind passé, denn kaum ein anderer Fitnesssport liegt derart im Trend. Nordic Walking ist die ideale Ausdauersportart, um auf eine Gelenk schonende, aber effektive Weise den ganzen Körper zu trainieren. Hinzu kommt die Bewegung an der frischen Luft in unserer wunderschönen Landschaft.

Gerne werden Sie auch unterstützt
von der AOK

 „Die Gesundheitskasse"

Ausrüstung

Stöcke
Die Stöcke sollen einen effektiven und sicheren Bewegungsablauf gewährleisten.

Egal, ob aus Fiberglas, Carbon oder Aluminium, die Walking-Stöcke sollten leicht und elastisch sein. D. h. der Stock soll trotz kurzzeitiger Verbiegung unter Belastung anschließend wieder vollständig in die Ausgangslage zurück schwingen. Verschiedene Hersteller bieten Walking-Stöcke mit ergonomisch geformtem Griff an, andere sind gerade gestaltet. Welche Form die Bessere ist, sollte jeder individuell entscheiden.

Wichtig ist: Der Stock muss bequem in der Hand liegen. Entscheidend für die Bequemlichkeit und Druckübertragung ist auch die Handschlaufe. Sie sollte aus einem stabilen, aber weichen Material gearbeitet und breit sein. Das kann unangenehme Blasen an den Händen verhindern. Zudem dürfen die Schlaufen, sind sie and der Hand befestigt, nicht zu viel Spiel zum Griff haben. Besonders bewährt haben sich in der Praxis Schlaufen zum Ausklicken.

Ein Gummipuffer an der Stockspitze gibt auf Asphalt besseren Halt und federt den Aufprall ab. Der Puffer sollte deshalb aus einem weichen, aber reibungsresistentem Material wie Gummikautschuk bestehen.

> **Mein TIPP:** Bei namhaften Stockherstellern gibt es die Verschleißteile, wie z. B. Gummipuffer, Spitzen und Handschlaufen zum Nachbestellen.

Wahl der richtigen Stocklänge. Was versteht man unter der richtigen Stocklänge?
Die optimale Stocklänge für Nordic Walking ist dann gegeben, wenn die Diagonalschritt-Technik in der Ebene mit kompletter Armzug- und Stockschubphase einen runden Bewegungsablauf ergibt, ohne dass dabei unnatürlich große Schritte bzw. unphysiologische Ausweichbewegungen in der Schulter entstehen.

Wann sind Stöcke zu lang?
Von zu langen Stöcken ist dann die Rede, wenn die Diagonalschritt- und Armtechnik nicht vollständig, rund und harmonisch ablaufen kann, ohne dass dabei überlange Schritte oder Ausweichbewegungen über die Arme durchgeführt werden müssen.

Die richtige Stocklänge
Verschiedene Formel im Sportfachgeschäft geben Anhaltspunkte die richtige Stocklänge zu ermitteln. Jedoch sollte man bedenken, dass zwar auf die Körpergröße, nicht aber auf die Körperproportionen, wie z. B. Verhältnis Oberkörper zu Unterkörper, Armlängen und Schulterbeweglichkeit eingegangen wird. Der große Vorteil von verstellbaren Stöcken besteht darin, dass sie sich an unterschiedliche Geländeformen, den Trainingslevel und Körpergrößen anpassen lassen.

> **Mein TIPP:** Lassen Sie sich von einem erfahrenen Trainer nach einem Probegang die exakte Stocklänge ermitteln.

Für normales Nordic Walking in der Ebene wählen Sie eine Stocklänge, so dass Ihr Ober- und Unterarm einen 90 ° Winkel bilden. Bei Anfängern, für Technikschulung und Krafttraining haben sich kürzere Stöcke bewährt.

Übersichtstabelle Stockgröße/Körpergröße	
105	153–158 cm
110	159–165 cm
115	166–172 cm
120	173–180 cm
125	181–187 cm
130	188–194 cm

Richtwerte

Schuhe
Der optimale Nordic Walking Schuh sollte folgende drei Faktoren erfüllen:

Den Fuß beim Aufprall auf den Boden dämpfen, das Fußgelenk beim Auftreten auf den Boden stützen und den Fuß flexibel und trotzdem sauber durch die Abrollbewegung führen. Der Schuh sollte ein gutes Profil haben, leicht, bequem und knöchelfrei sein, damit eine saubere Fußführung und Abrollbewegung gewährleistet ist. Für den ambitionierten Nordic Walker ist es optimal mehrere Schuhe zu besitzen, sodass je nach Bodenbeschaffenheit, Trainingsbelastung und Wetterverhältnissen gewechselt werden kann.

> **Übrigens:** Materialien wie z.B. GORE-TEX, Sympatex oder Event verhindern, dass Wasser in den Schuh eindringt, und lassen Ihre Füße aber dennoch „atmen". Diese Technologien bieten idealen Klima-Komfort bei allen Outdoor-Aktivitäten, auch bei widrigsten Witterungsbedingungen. So bleiben Ihre Füße angenehm trocken und kühlen nicht aus.

Auch bei den Socken sollten Sie darauf achten, dass Sie sich für Funktionssocken entscheiden, denn im Gegensatz zu den guten alten Baumwoll-Socken dämpfen diese Ihre Füße zusätzlich, halten sie trocken und warm.

Ergonomisch geformte Sohlenpolster wirken Druck verteilend und schützen den Fuß vor Blasen und Scheuerstellen.

Der kleine Unterschied
Für den Einstieg in das Nordic Walking, oder bei der Softtechnik, bei der die Arme maximal bis auf Hüfthöhe zurückschwingen, Tempo und Schrittlänge aber noch denen des Country- bzw Performance-Walking ähneln, eignen sich reine Walking-Schuhe, mit einem geraden Leisten, die das bewusste Abrollen an einer geraden Längsachse unterstützen.

Für ambitioniertes Nordic-Walking bieten sich dagegen Schuhe an, die Elemente aus Walking und Running verbinden. Durch den aktiven Abstoß per Stock mit weiter ausholenden Armbewegungen (Fitnesstechnik) erhöht sich der Vorwärtsschwung des Walkers, die Schritte werden länger und die sportliche Beanspruchung steigt. Ein aktives Abrollverhalten über den Fersen-Außenrand zur großen Zehe wird absolut notwendig, der Laufstil entspricht wieder mehr dem S-förmigen Bewegungsmuster beim Joggingstil. Sinnvoll wären beim sportlichen Gehen mit Stöcken also Sportschuhe mit gebogenem Leisten.

Gleichzeitig wird durch den Stockeinsatz der Bewegungsapparat um bis zu 30 Prozent entlastet. Die vertikalen Aufprallkräfte betragen „nur" das ein- bis 1,5 fache des eigenen Körpergewichtes (beim Running das 2 bis 2,5 fache). Die für Running-Schuhe typischen Dämpfungselemente in Vor- und Rückfuß sind deswegen weniger relevant. Bei einem echten Nordic-Walking-Schuh werden sie zugunsten eines dynamischen, griffigen Walkgefühls reduziert und an die Anforderungen angepasst.

Die richtige Größe – dann geht´s prima
Ganz wichtig: Schuhe nicht zu klein kaufen, am besten sogar eine bis eineinhalb Nummern größer als Straßenschuhe. Auch in der Weite muss der Schuh perfekt sitzen, darf weder zu weit noch zu eng sein – das gilt übrigens für Running genauso wie für Walking. Schließlich sollen keine Druckstellen entstehen und der Fuß genügend Bewegungsfreiheit haben. Mit den falschen Schuhen wird jeder gesunde Sport zum Gesundheitsrisiko: Muskeln und Gelenke werden falsch belastet, langfristig kann es zu Fehlhaltungen kommen. Die Gefahr von Verletzungen durch frühe Ermüdungserscheinungen und durch Umknicken beim Walken steigt.

Bei einem zu schmalen Schuh beispielsweise kann es zu einer Kompression des Vorfußes kommen: der Druck auf die Nerven zwischen den Mittelfußknochen bringt vorübergehende, in schweren Fällen bleibende Nervenschäden, etwa mit Taubheitsgefühlen, was sogar zur "Morton Neuralgie" (Schädigung des Nervengewebes) führen kann. Zudem kann durch Überbelastung und Schwielenbildung unter den Mittelfußköpfchen eine Reizung der Knochenhaut entstehen, die sich oftmals als extrem schmerzhaft entwickelt.

Bei Schuhspezialisten, die ein Weitensystem für ihre Schuhe entwickelt haben, wie z.B. New Balance, werden auch Menschen, die von der Norm abweichen fündig. Ein Unternehmen mit orthopädischem Background bietet sogar bis zu vier Weiten an. Dabei gibt es neun spezielle Messpunkte, die voneinander abhängen und sich je nach Breite oder Länge des Fußes entsprechend verändern. Denn Schuhe sollen nicht nur einfach weiter sein, sondern insgesamt abgestimmt. Derartige Modelle passen dann wie maßgeschneidert, geben dem Fuß Halt, wo er ihn braucht und Spielraum, wo Bewegungsfreiheit gefragt ist. Ein Service gut sortierter Sporthändler: Mit einem Vermessungsgerät des Schuhherstellers erfassen sie per Infrarot-Scan millimetergenau Größe und Weite und mögliches Belastungsprofil.

Bekleidung
Die Bekleidung sollte angenehm sitzen, nicht zu eng anliegen und nicht zu weit sein, also einen großen Bewegungsspielraum ermöglichen. Grundsätzlich empfiehlt sich Funktionsbekleidung um bei allen Wetterverhältnissen (Hitze, Kälte, Regen, Sturm) bestens ausgerüstet zu sein.

Bei jeder Bewegung wird in den Muskeln Energie erzeugt – 70 Prozent davon in Form von Wärme. Diese muss über die Haut schnell abgegeben werden, um einen Hitzestau zu vermeiden. Aus diesem Grund sollten Sie gerade im Sommer auf leichte, luftige und vor allem mit Funktionsfasern ausgestattete Kleidung achten. Das gute alte „Zwiebelprinzip" hilft Ihnen, durch mehrere übereinander getragene Lagen, bei jeder Temperatur adäquat gekleidet zu sein.

Ob zu zweit oder in der Gruppe, NORDIC WALKING , der sanfte und effektive Gesundheitssport macht Spaß und wirkt wie Balsam für die Seele

Funktionsunterwäsche transportiert den Schweiß vom Körper weg, ohne diesen in sich aufzunehmen. Dadurch bleibt der Körper angenehm trocken und kühlt nicht aus. Integrierte Reflektoren sorgen bei Dunkelheit für Sicherheit. Den schließlich soll nicht das Wetter schuld daran sein, nicht zum Nordic Walking gehen zu können.

Kopfbedeckung und Handschuhe
Ebenso empfehlen ich bei Nordic Walking Touren eine entsprechende Kopfbedeckung. Bis zu 70 Prozent der Körperwärme können über Kopf und Nacken verloren gehen. Im Sommer dient die Kopfbedeckung als Sonnenschutz. Eine Sportsonnenbrille schützt Ihre Augen vor schädlichem UV-Licht, und dient zusätzlich als Schutz gegen Insekten, Blütenstaub und Wind. Handschuhe ermöglichen einen optimalen Stockgriff und verhindern Blasenbildung.

Herzfrequenz-Messgeräte
Wer effektiv und kontrolliert sein Training gestalten und überwachen möchte, sollte einen Herzfrequenzmesser zu Hilfe nehmen. Von einem im Brustgurt integrierten Sender wird die Herzfrequenz registriert und über Funk (drahtlos) an die Uhr (Empfänger) übermittelt. Die Erfassung des Herzschlags durch die in den Gurt integrierten Brustelektroden nach EKG-Methode gilt als die genaueste Messart.

Komfortable Modelle lassen eine Programmierung des gewünschten Trainingsbereichs zu, dessen Über- oder Unterschreiten durch ein akustisches und/oder optisches Signal angezeigt wird. Diese Werte liefern wichtige Informationen zur effektiven Steuerung des Trainings. Die Uhr wird beim Nordic Walking am Handgelenk getragen. Der Gurt sollte nicht zu eng sitzen – die Atmung darf keinesfalls behindert werden – darf aber auch nicht rutschen. Die Elektroden können die Herzfrequenz nur erfassen, wenn sie leicht angefeuchtet sind. Entweder benetzt man sie vor dem Training ein wenig mit Wasser oder Sie bewegen sich einige Minuten, bis durch die natürliche Schweißproduktion der Kontakt zu Stande kommt.

In der unmittelbaren Nähe von starken Stromquellen (Hochspannungsleitungen, Eisenbahnlinien) kann es zur kurzzeitigen Anzeige sehr hoher Werte oder zum Ausfall kommen. Unter Umständen kommt es beim Training in der Gruppe zu Überschneidungen und Irritationen der einzelnen Sender und Empfänger.

Technik

Nordic Walking ist schnell erlernbar, dennoch empfehle ich die Teilnahme an einem Kurs. Nur bei einer korrekten Bewegungsausführung ist Nordic Walking effektiv und macht Spaß. Wer sportliche Aktivitäten neu oder wieder aufnimmt, sollte zuvor seinen Arzt konsultieren und sich die Sporttauglichkeit bestätigen lassen. Bei Vorerkrankungen kann es durch Sport zu eventuellen Schädigungen am Körper kommen.

> **Tipps zum Erlernen der Grundtechnik**
> Von unten in die Stockschlaufen greifen, rechts und links beachten
> Die Hände sind locker, die Stöcke pendeln rhythmisch parallel zum Körper
> Pendelbewegung steigern, Arme stärker durchziehen bis Stock Bodenkontakt hat
> Stock greifen, anheben und bewussten Stockeinsatz setzen
> Abwechselndes Öffnen und Schließen der Hand
> Alle Gelenke leicht gebeugt halten

Erlernen der Technik in drei Schritten

1.) Die Stöcke in die Hand nehmen, vom Boden abheben und mit zügigem Schritttempo beginnen. Achten Sie auf ein entspanntes Gehen, locker, ohne verkrampfte Schultern, wobei die Arme parallel zum Körper nach vorn und hinten schwingen. Die Arme sind nur leicht gebeugt. Wenn Sie nun im Diagonalschritt laufen (= rechter Fuß mit linker Hand vorne und umgekehrt), haben Sie schon die Basis fürs Nordic Walking gelegt.

2.) Die Stöcke parallel neben dem Körper mit geöffneten Händen nachschleifen. Wir bleiben in der rhythmischen Pendelbewegung. Die Stöcke werden tief gehalten. Die Hand nun weit nach vorne führen und spüren, wenn die Stockspitze am Boden greift. Diesen Widerstand nun mit Druck über das Schlaufensystem zwischen Daumen und Zeigefinger verstärken.

3.) Die Konzentration liegt nun auf dem verstärkten Einsatz der Stöcke. Der Arm wird schnell und weit nach vorne geführt. Der Stock schwebt dabei leicht über dem Boden und sucht sich seinen Halt im Boden beim Beginn der Rückbewegung des Armes von

alleine. Ein präziser, kräftiger Stockeinsatz mit geschlossener Hand wird gesetzt. Beim Zurückführen des Stockes bis hinter die Hüfte wird die Hand geöffnet, d.h. Sie lassen den Stock los, sodass der Stockschwung bis hinter die Hüfte ausgeführt werden kann. Der Armzug endet, wenn der Arm fast gestreckt ist. Der Druck wird ständig über die Schlaufe an den Stock weitergegeben. Nun greift die vordere Hand den Stock und beginnt mit dem nächsten Stockeinsatz. Dadurch stellt sich ein ständiges, abwechselndes Öffnen und Schließen der Hände ein.

Wieso dieses spezielle Schlaufensystem?
Gehen Sie in Schrittstellung und versuchen Sie sich mit geschlossener Hand so weit wie möglich am Stock vorbei zu schieben. Sie werden an einen Punkt kommen, an welchem der Ellbogen und das Handgelenk die Bewegung blockieren. Um jedoch einen gezielten Trainingseffekt für die Rücken-, Schultergürtel- und Armstreckermuskulatur zu erzielen, ist die Beinahe-Streckung des Armes bis hinter die Hüfte unerlässlich. Dazu müssen Sie den Stock loslassen. Das Schlaufensystem sorgt für die permanente, enge Verbindung zum Stock. So können Sie trotz geöffneter Hand den Druck auf den Stock über die Schlaufe weitergeben, und sich nach vorne wegschieben.

Weitere Nordic Walking-Techniken:
Bergauf
Beim Bergauf gehen wird der Oberkörper etwas weiter nach vorne gebeugt. Der Stockeinsatz erfolgt nun senkrechter als in der Ebene. Und die Schrittlänge wird sich verkürzen. Wir setzten ganz bewusst die Arme mit ein, und können uns mit einem kräftigen Stockeinsatz nach oben schieben.

Bergab
Beim Bergab gehen halten wir die Knie ständig leicht gebeugt und verlagern unseren Körperschwerpunkt tief nach hinten. Wir machen kleine Schritte und rollen dabei bewusst von der Ferse bis zum großen Zeh ab. Die Stöcke dienen als Stabilisator und geben Sicherheit.

Im steilen Gelände kann es notwendig sein, die Stöcke als Gleichgewichtshilfe weit vor dem Körper einzusetzen.

Nordische Softies
Der DSV hat einen interessanten Ansatz zur Differenzierung der Intensität und des Bewegungsumfangs. So unterscheidet das Ausbildungskonzept die Techniken Soft, Fitness und Sport.

Sport-Technik
Das ist die richtige Trainingsmethode für Hochleistungssportler und ambitionierte Freizeitsportler. Die Grundtechnik ist ähnlich wie bei der Fitness-Technik. Sowohl die Intensität des Stockeinsatzes als auch der Bewegungsumfang sind groß. Zusätzlich werden gezielte Übun-

gen wie Doppelstockgang bergauf, Skigang bergauf oder Schrittsprünge in das Training integriert.

Mit dieser Methode ist ein gezieltes Training möglich, dass vor allem als Vorbereitung auf den Wintersport ideal ist.

Fitness-Technik
Die übliche Nordic-Walking-Idealtechnik für Fortgeschrittene wird mit der Fitness-Technik umschrieben. Das bedeutet ein großer Bewegungsumfang, die Arme schwingen an der Hüfte vorbei, die Hände schließen vorne und öffnen sich hinten.

> **Übung:** Gehen Sie mit geöffneten HÄNDEN und entwickeln Sie Vertrauen ins Schlaufensystem. Der Stock sucht sich selbst seinen Halt.

Diese Technik ist ideal um die gesundheitlichen Vorteile des Nordic Walkings voll auszuschöpfen und wird daher das langfristige Ziel der meisten Sportler sein.

Soft-Technik
Die Soft-Technik ist die ideale Einstiegstechnik. Wer das Gehen mit Stöcken erlernen will, nutzt diese Technik. Die Arme bleiben dabei immer locker gestreckt, der Körper ist aufrecht, die Hände schwingen mindestens bis zur Hüfte und die Hände umklammern den Stock nur ganz locker.

Dies ist die kraftsparendste Technik, die besonders von Einsteigern und auf langen Strecken verwendet werden sollte. Die Herz- und Kreislaufbelastungen sind bei dieser Technik niedrig. Sowohl der Trainingseffekt, als auch die gesundheitlichen Einflüsse sind aber gering.

Für den Freizeitsportler sind vor allem die Techniken Soft und Fitness relevant. Natürlich ist eine chirurgisch exakte Unterscheidung zwischen den beiden Techniken nicht möglich. Die Skizzierung der Idealformen ermöglicht aber, eine persönliche Entwicklung nachzuvollziehen. Jeder sollte mit der Soft-Technik beginnen und sich klar machen, dass diese Technik zur Fitness-Technik ausgebaut werden kann.

Fehler beim Nordic Walking
Die Liste gebräuchlicher Fehler beim Nordic Walking ist lang. Da man aus Fehlern bekanntlich am besten lernt, hier die gängigsten Beispiele:

Die Stockträger
Das sind fleißige Zeitgenossen, die Ihre Stöcke immer vor sich hertragen. Das bringt Muskeln, ist aber nicht im Sinne des Erfinders. Ein entspannter Schwungvorgang findet nicht statt. Dadurch wird die optimale Durchblutung verhindert und möglicherweise entstehen sogar Verspannungen.

Die Spaziergänger
Gehen in einem sehr langsamen Tempo dahin und begleiten ihren Spaziergang nach belieben mit einem Stockeinsatz. Das ist sicherlich gesund, die vielen Vorteile des Nordic Walkings werden so aber nicht genutzt. Besonders der Energieverbrauch ist natürlich deutlich niedriger.

Die Bodenschoner
Bei dieser Gruppe scheint der Respekt vor der Stockspitze groß zu sein. Der Druck auf den Stock ist zu gering, die körperliche Belastung und damit der Trainingseffekt auch. Wer seine Stöcke liebt, der schiebt!

Die Kurzschwinger
Sie bemühen sich redlich, haben aber Angst ihre Arme hinter sich zu lassen. Sie brechen daher den Schwung zu früh ab. Das ist nicht wirklich schlimm, aber eben nicht die ideale Bewegungsform.

Training

Trainingslehre

Alle Systeme des Körpers sind auf die alltägliche, immer wiederkehrende Belastung ausgerichtet. Die Muskulatur ist nur so stark, dass sie einen normalen Tag bewältigen kann, das Herz-Kreislaufsystem ist nur so leistungsfähig, wie es Tag für Tag gefordert wird. Gegen Ende des dritten Lebensjahrzehnts beginnt der Körper damit, Muskelmasse abzubauen; etwa drei Kilogramm binnen zehn Jahren. Um diesen Prozess entgegen zu wirken, hat jeder die Möglichkeit, den Körper im positiven Sinne zu manipulieren, also ihn zu trainieren. Der Körper ist in der Lage, sich verändernden Bedingungen bzw. Belastungen anzupassen.

Jede Kraftleistung beruht auf dem Zusammenspiel des Nerven-Muskelsystems. Je besser diese Kommunikation funktioniert, desto größere Kräfte können entwickelt werden. Beim Nordic Walking werden mit Dauer des Trainings immer mehr von unseren brachliegenden Nerven-„Datenautobahnen" erschlossen und verknüpft. Dadurch steigt der Anteil an Muskelfasern, die mit Informationen des Nervensystems versorgt werden, und ein effektiveres arbeiten unserer Muskulatur kann gewährleistet werden.

Das Ziel des Trainings ist es immer, den Körper und dadurch seine Leistungsfähigkeit zu verändern. Diese Veränderungen können sich durch eine Gewichtsreduktion, einer stärker ausgeprägten Muskulatur, in einer besseren Koordination äußern, oder sich messbar im Wettbewerb zeigen. Dazu ist es notwendig einen ungewohnten Reiz, eine Belastung zu. setzen.

Für den Trainingserfolg sind neben der Regelmäßigkeit die unterschiedliche Stärke und Ansteuerung des Reizes, der auf den Körper einwirkt, entscheidend. Jeder Reiz innerhalb einer Trainingseinheit führt dazu, dass die Energiereserven verbraucht werden und der Körper ermüdet. Direkt nach der Trainingseinheit beginnt sich der Körper zu regenerieren. Über das Essen werden die leeren Energiespeicher wieder gefüllt, und ein tiefer und fester Schlaf sorgt für die notwendige Regeneration.

Übrigens: Allein über die Intensität des Stockeinsatzes können Sie Ihre Herzfrequenz um 5 bis 10 Schläge erhöhen.

Grundposition

Füße hüftbreit öffnen und Knie leicht gebeugt halten
Gesäß- und Bauchmuskulatur leicht anspannen
Schultern locker lassen und Richtung Wirbelsäule ziehen
Brustbein heben und Kopf in Verlängerung der Wirbelsäule halten
Blick geradeaus und ruhig und bewusst atmen
Gewicht gleichmäßig auf beide Füße verteilen

Grundposition

Regelmäßiges Krafttraining fördert die Vermehrung und Stärkung der kleinen Blutgefäße (Kapillaren) und damit die Sauerstoffversorgung des Körpers. Ein trainiertes Herz kann Bluthochdruck sowie Durchblutungsstörungen vorbeugen. Die Ruheherzfrequenz wird sinken, dadurch schlägt das Herz langsamer und kann ökonomischer arbeiten. Eine harmonische Muskelentwicklung kann Fehlbelastungen des Skeletts entgegenwirken, und zusätzlich den Bewegungsapparat stützen.

Kräftigung
Es gibt eine ganze Reihe wirkungsvoller, leicht auszuführender Kräftigungs-Übungen, aus denen Sie sich Ihr eigenes Programm zusammenstellen können. Ob alleine, zu zweit oder in der Gruppe. Die Übungen können auf halber Tourenstrecke, am Ende der Nordic Walking Einheit oder aber auch als Extra-Training absolviert werden. (Übungen zur Kräftigung auf S. 30)

Der ideale Fettstoffwechselpuls?
Bei den Empfehlungen zur Fettverbrennung gibt es einige grundlegende Irrtümer. So gibt es den Irrglauben, dass eine zu starke Anstrengung nichts nützt, da nur bei niedrigem Puls die Fettverbrennung optimal funktioniert. Oft wird sogar der Eindruck erweckt, dass es einen bestimmten Fettstoffwechselpuls gibt, der als einziger das effektive Abnehmen ermöglicht. Das ist falsch!

Bei jeder körperlichen Anstrengungen werden Fette und Kohlenhydrate verbrannt. Bei geringer Belastung ist der Anteil der verbrannten Fette höher, als der Anteil der Kohlenhydrate. Bei hohem Puls kehrt sich das Verhältnis um. Bei starker Anstrengung werden also überwiegend Kohlenhydrate und prozentual weniger Fette verbraucht.

Entscheidend ist aber, dass der Gesamtkalorienverbrauch ansteigt und damit unterm Strich evtl. mehr Fett verbrannt wird. Es gibt also keinen Zwang zum Training in einem bestimmten Bereich, der die ideale Fettverbrennung ermöglicht. Sie dürfen Ihren eigenen Weg finden. Ob das lieber öfter und länger oder kurz und knackig ist, liegt bei Ihnen.

Aus gesundheitlichen Gründen sollte aber jeder Anfänger mit niedriger Belastung trainieren. Einfach gesagt: lieber bei niedrigem Puls, aber dafür länger! Ausdauertraining ist besonders wichtig, weil dadurch die Zahl und Leistung der „Mitochondrien" in den Muskeln gesteigert werden. Diese Zellkraftwerke verbrennen Fett und Kohlenhydrate und sind daher für den Fettabbau entscheidend.

Wer nach einiger Zeit über eine gute Grundfitness verfügt kann jetzt auch gelegentlich bei höherer Intensität trainieren. Erlaubt ist, was gefällt! Ebenfalls ergänzt werden kann dies durch zusätzliches Krafttraining, denn mehr Muskelmasse bedeutet einen höheren Grundenergieverbrauch. Ein paar Kraftübungen am Ende einer Nordic-Walking-Tour erfüllen diesen Zweck.

Übersehen wird oft auch der sogenannte „Nachbrenneffekt", was bedeutet, dass ein Großteil der Energie nach dem Training verbrannt wird. Erfolgreich ist nur eine Methode bei der unterm Strich mehr Fett verbraucht wird, als neu zugeführt wird. Die Herzfrequenz ist also nur zweitrangig. Viel wichtiger sind die richtige Ernährung sowie Häufigkeit und Dauer der sportlichen Betätigung.

Ohne Schweiß kein Preis
Fachleuten empfehlen ein Training von mindestens 30 Minuten und das drei bis vier Mal wöchentlich. Ich persönlich sehe jedoch auch eine Gefahr in zu großen Zielen, die dann jeden Spaß rauben. Wer erst einmal ein Jahr lang mit seinen Stöcken unterwegs war, wird auf dieses Vergnügen nicht mehr verzichten wollen. Auch hier gilt: Man sollte vor allem langfristig denken und nicht mit zu viel Druck den Spaß vertreiben. Bei vielen Sportlern bewährt haben sich feste Wochentage, an denen immer trainiert wird. Dann darf weder das Fernsehprogramm noch das Wetter als Ausrede herhalten. Mit der richtigen Kleidung geht es fast immer!

Übungen zur Kräftigung

Oberkörper

- A u. B stehen sich in Schrittstellung gegenüber
- Stöcke u. Ellenbogen waagrecht auf Schulterhöhe halten
- Beide greifen die Stöcke von oben
- A versucht die Stöcke gegen den Widerstand von B wegzudrücken und den Arm zu strecken
- B übernimmt den Druck, jetzt beugt sich der Arm von A
- Oberkörper bleibt ruhig

Armstrecker

- Stock senkrecht hinter den Rücken nehmen
- Ellenbogen des oberen Armes anwinkeln
- die obere Hand zieht den Stock bis es zur beinahen Armstreckung kommt
- die untere Hand hält dagegen

Oberschenkel

- Stöcke auf Schultern ablegen
- Tief gehen
- Gesäß nach hinten schieben
- Gewicht auf der Ferse
- Kniegelenk nicht über Zehenspitze schieben

Übungen zur Dehnung

Wade

- Große Schrittstellung
- Vorderes Knie beugen
- Hintere Ferse fest in den Boden drücken
- Hüfte gerade nach vorne schieben
- Fußspitzen zeigen nach vorne

Oberschenkelinnenseite

- In Grätschstellung gehen
- Einen Fuß auf die Ferse stellen und Zehen zum Schienbein ziehen
- Das Knie vom anderen Fuß anwinkeln
- Gesäß schräg nach hinten absetzen
- Kniegelenk nicht über Zehenspitze schieben

Gesäß

- Rechter Fuß auf linken Oberschenkel ablegen
- Gesäß nach hinten absetzen
- Kniegelenk nicht über Zehenspitzen schieben
- Stöcke zur Stabilisierung verwenden

Regeln beim Dehnen:
- Grundposition einnehmen
- Statisch dehnen, kein Nachfedern
- Langsam die Dehnposition einnehmen und wieder verlassen
- Dehnposition 30 – 60 Sekunden lang halten
- Jede Übung 1 bis 3 Mal wiederholen
- Tief, ruhig und gleichmäßig atmen
- So weit möglich: sanft dehnen. „Dehnung ja – Schmerz nein"

Trinken, aber richtig!
Viele kennen wohl aus Ihrer Kindheit noch die Empfehlung, während dem Sport möglichst wenig zu trinken. Ganze Bergsteigergenerationen haben mit eisernen Willen diesen falschen Grundsatz befolgt. Trotz der gegenteiligen wissenschaftlichen Erkenntnis, trinken auch heute noch viele Sportler zu wenig oder falsch. Wird der Wasserentzug beim Sport zu groß, treten nicht nur Stoffwechselstörungen auf, sondern durch die Eindickung des Blutes wird auch die Herz-Kreislauf-Funktion beeinträchtigt.

Immer wenn die Muskeln arbeiten wird auch Wärme freigesetzt. Zur Regulierung der Temperatur setzt der Körper dabei Schweiß frei, der an der Körperoberfläche verdunstet. Neben Wasser, Kohlenhydraten und Schleimstoffen enthält der Schweiß auch Elektrolyte, also Mineralstoffe (Natrium, Kalium, Calcium, Magnesium etc.) und Spurenelemente. Es ist daher wichtig bei erhöhter sportlicher Belastung dem Körper diese Stoffe wieder zuzuführen. Die Deutsche Gesellschaft für Ernährung empfiehlt isotonische Getränke und Apfelsaftschorle. Sie rät jedoch aufgrund des hohen Zuckergehalts von Energy Drinks, Cola und Limonade ab.

Touren

Genug der Theorie jetzt wird es Zeit sich in die Praxis zu stürzen. Doch vorneweg ein paar Tipps zu den Angaben die jeder Tour vorangehen:

Zeitangaben
Ein unmögliches Unterfangen ist die allgemein gültige Zeitangabe zu den Touren. Während manche sportlich durch den Wald fegen, zelebrieren andere Nordic Walker die Gemütlichkeit in der Natur. Die angegebenen Zeiten sind daher als Mittelwert zu verstehen. Keineswegs sind in dieser Zeit längere Pausen eingerechnet, die sich bei zahlreichen Touren aber anbieten.

In der Literatur gibt es sehr unterschiedliche Meinungen zur optimalen Nordic-Walking-Geschwindigkeit. Der Selbstvermarktungskönig und Laufexperte Ulrich Strunz behauptet, dass unter 6 km/h eigentlich kein echtes Nordic Walking stattfindet. Damit hat er durchaus einen wahren Kern angesprochen. Denn Zeitvorgaben zu Touren, die jeder langsame Spaziergänger übertrifft, sind nicht sinnvoll. Man verwässert so leicht die Besonderheit von Nordic Walking. Doch hier einen Mittelweg zu finden ist nicht leicht.
Anhand der Höhenmeter und der Distanzlänge kann man mit etwas Erfahrung bald selbst eine individuelle Zeitschätzung durchführen.

Tourenbewertung
Leichte Touren verlaufen auf unschweren Wegen und erfordern nur eine geringe Kondition. Mittlere Touren setzen eine gewisse Ausdauer voraus. Schwierige Touren wenden sich an den trainierten Sportler, der die Technik auch über lange Strecken und im schwierigen Gelände einwandfrei beherrscht.

Höhenangaben/Höhenprofil
Die Höhendifferenz beschreibt die addierten Höhenmeter, die auf einer Tour zu bewältigen sind. Liegt die Summe der Höhenunterschiede unter 30 Metern, wurde der Wert nicht angegeben. Das kleine Höhenprofil soll Ihnen verdeutlichen, ob die Steigung gleichmässig verteilt ist. Die senkrechte Achse zeigt ob es von der Starthöhe aus gesehen rauf oder runter geht, die waagrechte Achse zeigt den Streckenverlauf. Das Profil ermöglicht einen groben Überblick zur Kräfteeinteilung.

1

Durch den Stuttgarter Schlossgarten

START Parkplatz „Mineralbäder Leuze/Berg", S-Bahnstation

km 7,5 km/90 min.

▲ Nicht nennenswert

S Leicht

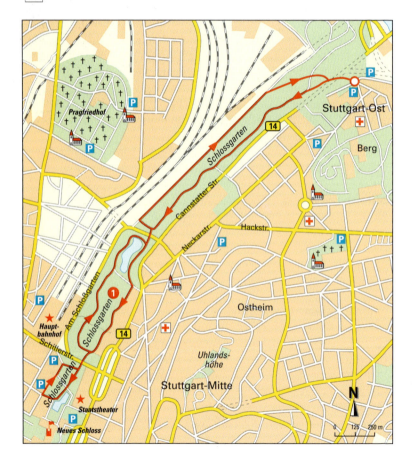

Staatstheater und Eckensee

- Interessante Tour auf Splitt-, Asphalt und Waldwegen, meist durch den Schlossgarten mit einigen Sehenswürdigkeiten

- Leicht, im Park den Hauptwegen entlang

- Das ganze Jahr über begehbar, auch im Winter geeignet

- B 14 Richtung Bad Cannstatt, beim SWR nach rechts abbiegen, dann Wegweisern Richtung Mineralbäder folgen

- S-Bahn Richtung Plochingen (S1), Haltestelle Mineralbäder

- Parkplatz „Mineralbad Berg" (in der Nähe des SWR) in der Ludwig-Dill-Straße

- Biergarten im Schlossgarten, geöffnet ab 10 Grad, tgl. 10.00–1.00 Uhr, sonntags Musik, Tel. 07 11/2 26 12 74

Kann man in der Großstadt Nordic Walken? In Häuserschluchten, mitten im Verkehr? Ja, in Stuttgart kann man das! Mitten in der Stadt gibt ausgedehnte Parkanlagen, die zu einem Gesamtkonzept, genannt das Grüne U, gehören. Das Grüne U verbindet alle Parkanlagen der Stadt zu einem zusammenhängenden Grünzug. Seit 1993 ist das möglich: mit Hilfe der Internationalen Gartenbau-Ausstellung war das geschaffen. Vom Schlossplatz kann man auf etwa 8 km Länge bis zum Killesberg walken ohne eine Strasse überqueren zu müssen. Die Anlagen haben eine Grösse von etwa 5,6 Quadratkilometer, zum Vergleich: Der New York Central Park ist 3,5 Quadratkilometer gross.

Für die Tour sollten wir die Gummipuffer für die Nordic Walking Stöcke nicht vergessen, denn der Untergrund der Tour ist sehr wechselhaft: Asphalt und Betonplatten (Gummipuffer – oder neudeutsch: Asphalt Pads), Waldboden und gesplittete Wege: nur Stahlspitzen.

Ausgangs- und Endpunkt dieser Tour sind der Parkplatz oder auch die S-Bahnhaltestelle des Mineralbades Berg. Unmittelbar neben dem Mineralbad Berg befindet sich das Mineralbad Leuze, beide Bäder mit schönen Liegewiesen.

Mitten in der Stadt kann man im Schlossgarten einen etwa 1,5 stündigen Rundweg durchführen, der gleichzeitig die Möglichkeit bietet, einige Sehenswürdigkeiten der Stadt kennen zu lernen. Auf dieser Strecke wird man nicht alleine sein, Spaziergänger, Jogger und Inliner bevölkern das langgestreckte Parkgelände das ganze Jahr über. Zunächst müssen die Gleise der S-Bahn überquert werden, man gelangt dann links abbiegend in den unteren Schlossgarten in Richtung Innenstadt. Auf etwa 2 Meter breiten asphaltierten Wegen (hier brauchen wir die Asphalt Pads auf unseren NW Stöcken), vorbei an kleinen künstlichen Seen, kleinen Pavillions, Liegewiesen, Spielplätzen und alten schattenspendenden Bäumen. Nach etwa insgesamt 1,8 km müssen wir eine belebte Strasse überqueren, doch zur Überquerung kann man auch die Grüne Brücke (wegen des Bewuchses) benutzen, ein wenig körperliche Abwechselung für den Nordic Walker, denn das bedeutet etwa 6m Höhendifferenz. Danach sind wir im mittleren Schlossgarten, der hier noch parkähnlicher wird. Auch hier halten wir uns auf der linken Seite, nach etwa 800 m gelangen wir zu den Ruinenresten des Lusthauses, im weiteren Verlauf passieren wir das Carl-Zeiss Planetarium, ein Sternentheater.

Kurz danach erreichen wir wieder eine viel befahrene Strasse, aber auch hier hilft eine Fussgängerbrücke (Ferdinand-Leitner Steg). Rechts sehen wir den Hauptbahnhof. Jetzt sind wir im Oberen Schlossgarten angelangt. Auf der rechten Seite liegen hier das Stuttgarter Ballet, das Staatstheater und das würfelförmige Gebäude des Landtages. Dann stehen wir auch schon an Wendepunkt unserer Strecke: das Neue Schloss. Wir umlaufen den Eckensee, der von Enten und Schwänen bevölkert wird. Vorbei am Kunstgebäude der Stadt Stuttgart geht es wieder in Richtung Bahnhof. Wir halten uns aber dieses mal auf der linken Seite des Parks, um Abwechselung auf der Strecke zu haben. Wieder über die Leitner Brücke sind wir im mittleren Schlossgarten, wo wir den Biergarten im Schlossgarten erreichen. Besonders an Wochenende ist hier ein reges Treiben. Hier gibt's die Möglichkeit für eine Rast und Gelegenheit, Live Musik zu hören.

Kurz danach passieren wir das Cafe Nill am See, Gelegenheit zum Kaffeeklatsch, über die Grüne Brücke gelangen wir wieder in den Unteren Schlossgarten. Hier walken wir den äußersten Weg links, eine Platanenallee (Felix-Mendelson-Bartoldy-Allee) entlang, hier gibt es auch die Möglichkeit, auf parallelen Wegen sowie auf gesplitteten Wegen statt auf Asphalt zu walken. Bald tauchen wieder die kegelförmigen Sprudler der Mineralbäder. Kurz vor der S-Bahnstation Mineralbäder müssen wir uns rechts halten, vielleicht noch einen Schlenker um die Anlagenseen, hier kann man auch die Seele mal baumeln lassen. Schliesslich haben wir knapp 7 km hinter uns gebracht. Empfehlenswert ist auch der Besuch eines der Mineralbäder. Danach hat man dann das gute Gefühl: Heute habe ich etwas für meine Gesundheit getan.

Info
Der Schlossgarten besteht aus dem Oberen, Mittleren und Unteren Schlossgarten. Er liegt zwischen Innenstadt und Neckar, im mittleren Teil ist er nur 150 m breit und liegt eingezwängt zwischen Bahndamm und Bundesstrasse. Er bietet verschiedene Sehenswürdigkeiten: Ruine Treppenhausportal des Alten Lusthauses (1580–1593 von Beer am Schlossplatz errichtetes Lusthaus. Damals der schönste Bau der Renaissance, brannte 1904 ab, Reste wurden im mittleren Schlosspark aufgebaut, Renovierung dringend notwendig), Carl-Zeiss Planetarium, Landespavillion, Landtag, Staatstheater, Schauspielhaus, Neues Schloss.

2

Vom Mineralbad Berg zum Schloss Rosenstein

START Parkplatz „Mineralbäder Leuze/Berg", S-Bahnstation

km 4,7 km/60 min

▲ 45 m

S mittelschwer (am Anfang)

Interessante Tour auf Splitt-, Asphalt und Waldwegen, Blick auf Wilhelma

☞ Leicht, im Park den Hauptwegen entlang

☀ Das ganze Jahr über begehbar, auch im Winter geeignet

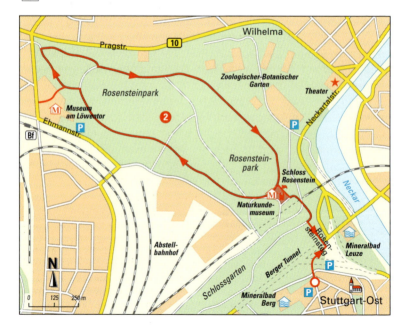

Bewohner der Wilhelma

 B 14 Richtung Bad Cannstatt, beim SWR nach rechts abbiegen, dann Wegweisern Richtung Mineralbäder folgen

 S-Bahn Richtung Plochingen (S1), Haltestelle Mineralbäder

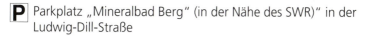 Parkplatz „Mineralbad Berg" (in der Nähe des SWR)" in der Ludwig-Dill-Straße

 Restaurant Fossil im Museum Löwentor Tel: 07 11/8 56 91 10

Auch diese Strecke beginnt am Parkplatz der Mineralbäder Leuze und Berg. Das Ziel ist das auf der Anhöhe liegende Schloss Rosenstein und der umgebende Park. Zunächst geht es nach rechts (auch kann man mit der S-Bahn hierhin gelangen) und überquert über die interessante Konstruktion des Rosensteinstegs die viel befahrene Strasse nach Bad Cannstatt. Hier erreicht man den unteren Teil des Rosensteinparks. Nach einem kurzen kräftigen Anstieg kommen wir zum Schloss Rosenstein, das heute als Naturkundemuseum benutzt wird. Es lohnt sich, das Schloss einmal zu umkreisen, um zum Beispiel die Nymphengruppe zu entdecken oder auch den Rosengarten mit seinen Säulengängen und Statuen. Zunächst walken wir auf der linken Seite des Rosensteinparks entlang, lange alte Baumalleen führen durch den Park. Im Sommer kann das Gras hier sehr hoch werden, denn nur zwei mal im Jahr wird hier gemäht, das gemähte Gras wird in dem angrenzenden Zoo (Wilhelma) an die Tiere verfüttert. Am oberen Ende des Parks erreichen wir das Naturkundemuseum. Hier werden die Fossilienfunde aus der Urzeit Baden-Württembergs ausgestellt. In der Cafeteria Fossil des Museums kann man sich von der Tour erholen. Weiter geht es vor dem Museum rechts ab, man gelangt zum Löwensteintor, wir walken nach rechts im Park weiter, erreichen nach kurzer Zeit einen Weg, der an der Rückseite der Wilhelma entlang führt. Ponys, Dromedare, Zebras, Lamas, Eisbären und Vogelstrausse kann man beim Walken ausmachen. Vorbei an alten Bäumen, kleinen Seen, Parkbänken zum Ausruhen gelangt man wieder zum Schloss Rosenstein. In Richtung Rosensteinbrücke gelangen wir zum Ausgangspunkt.

Die Tour kann man auch mit der Tour zum Schlossgarten kombinieren und verlängern. Vor der Rosensteinbrücke walkt man in Richtung Anlagenseen im unteren Schlossgarten. Die gesamte Anlage gehörte zum Gelände der IGA (Internationale Gartenschau Ausstellung) die 1993 in Stuttgart ausgetragen wurde.

Eine weitere Alternative ist, am oberen Ende des Parks (am Museum) den Park zu verlassen, die Strasse mit den Strassenbahnschienen zu überqueren (Nordbahnhof Strasse) und dann in Richtung Killesberg weiter zu walken. Dabei kommt man durch den Leibfriedschen Garten, vorbei an einem Aussichtshügel. Die viel befahrene Heilbronner Strasse wird mit dem Samarasteg überquert. Dann ist es nur noch ein kurzes Stück zum Höhenpark Killesberg.

Info

Der **Rosensteinpark** wurde vor 150 Jahren als englischer Landschaftspark angelegt und steht heute unter Denkmalschutz. Unmittelbar daran grenzt die Wilhelma (Zoo), in deren Rückseite man Einblick nehmen kann. Das Schloss wurde von König Wilhelm I. bewohnt, der hier auch starb (1864).

Museum am Löwentor: Das Naturkundemuseum im Rosensteinpark ist wegen der Original Dinos, Skelette und Rekonstruktionen ein Publikumsmagnet. Weiter werden viele Grossäugetiere der Eiszeit gezeigt. Besonders für Kinder interessant. Viele Sonderausstellungen runden das Bild ab.
Öffnungszeiten: Montags geschlossen; Di–Fr 9–17 Uhr; Sonn und Feiertag 10–18 Uhr.

3 *Karte S. 42*

Von den Mineralbädern zum Daimlerstadion

START Parkplatz „Mineralbäder Leuze/Berg", S-Bahnstation

km 7 km/90 min.

Nicht nennenswert

S Leicht

Auf Asphaltwegen zum Daimlerstadion, der Heimat des VfB Stuttgart; Hans-Martin-Schleyer Halle, Wasen

Leicht, am Neckar entlang, das Stadion ist immer sichtbar

Das ganze Jahr über begehbar, auch im Winter geeignet

B 14 Richtung Bad Cannstatt, beim SWR nach rechts abbiegen, dann Wegweisern Richtung Mineralbäder folgen

S-Bahn Richtung Plochingen (S1), Haltestelle Mineralbäder

P Parkplatz „Mineralbad Berg" (in der Nähe des SWR) in der Ludwig-Dill-Straße

Einige Restaurants rund um das Stadion

Auch diese Strecke beginnt am Parkplatz der Mineralbäder Leuze und Berg. Das Ziel ist das das Daimlerstadion, Heimat des VfB Stuttgart und 1993 Austragungsstätte der Leichtathletik Weltmeisterschaften, auch der Start und das Ziel des Stuttgart Laufes mit Walking. Zunächst geht es nach rechts, am Mineralbad Leuze in Richtung Bad Cannstatt und Neckar. Wir walken über die König-Karls-Brücke, nach der Brücke geht es rechts ab auf einen schmalen Asphaltweg (Neckarweg). Zunächst walken wir am Wasen entlang, nach kurzer Zeit passieren wir eine Fussgängerbrücke über den Neckar (Berger

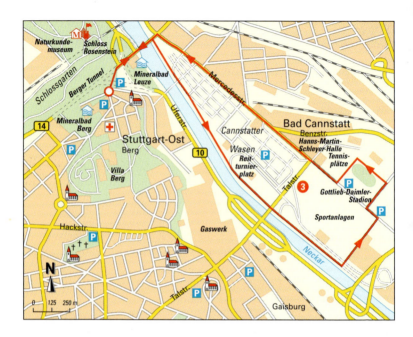

Steg), dann geht es entlang der Testbahn von Mercedes-Daimler, dessen Werk (Motorenfabrikation) vor uns liegt, links erscheint ein Gasometer. Nach insgesamt etwa 3 km unterqueren wir nach links abbiegend die Teststrecke. Vorbei an Sportplätzen walken wir in Richtung Daimlerstadion, rechts entsteht das neue Daimler Auto Museum. An der Mercedesstrasse biegen wir links ab zum Daimlerstadion.

Direkt am Stadion führt der Fritz-Walter Weg entlang, hier walkt man im Schatten des imposanten Stadions: Es ist möglich, das gesamte Stadion zu umrunden, lediglich bei Veranstaltungen bleibt dieser Weg versperrt. Jetzt kann man sich entscheiden, ob man wieder am Neckar entlang zum Ausgangspunkt zurück walkt oder über das Wasengelände vorbei an der Hans-Martin-Schleyer-Halle wieder in Richtung Bad Cannstatt/ König-Karls Brücke. Man kann aber auch, um dem Verkehrlärm zu entkommen, den Berger Steg benutzen und kommt direkt beim „Leuze" heraus, das direkt neben dem Mineralbad Berg liegt.

4

Rund um die Bärenseen

START Parkplatz am Schattenring

km 6,8 km/80 min.

27 m (Aufstieg zum Bärenschlössle), sonst flach

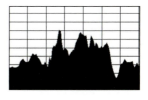

S Leicht

Waldstrecke um 3 Seen auf Splitt-, Asphalt und Waldwegen, zum Teil idyllisch, zum Teil sehr belebt

Leicht, immer am Wasser entlang

Das ganze Jahr über begehbar, auch im Winter geeignet

Richtung Schattenring, Leonberg, Stuttgart-Büsnau

🅿 Erster Parkplatz rechts nach dem Kreisel Schattenring (vom Autobahnzubringer runter, Richtung Büsnau, Magstadt)

🗙 Bärenschlössle, im Rotwildpark, kein Ruhetag,
Tel: 0711/690707

Die Strecke entlang der Bärenseen ist Stuttgarts beliebteste Joggingstrecke, am Wochenende wimmelt es hier von Läufern, Anglern, Wanderern und Radfahrern. Deshalb ist diese Strecke hauptsächlich für Wochentage zu empfehlen. Startpunkt ist der Parkplatz direkt am Kreisel Schattenring (Wildparkstrasse). Zunächst walken wir auf der rechten Seite des unteren Sees entlang (Pfaffensee). Nach etwa einem Kilometer km kommt man zum oberen Ende des Sees und dann kommt der Neue See. Diesen walkt man 1,2 km entlang. Der Neue See wird abgelöst vom Bärensee. Hier lohnt sich ein Abstecher zu dem auf einer kleinen Anhöhe liegenden Bärenschlössle (ca. 300 m Umweg) machen. Dies ist das ganze Jahr bewirtschaftet. In den warmen Monaten kann man in dem grossen Biergarten sitzen. Der angrenzende Rot- und Schwarzwildpark bietet sehr viele Wanderwege für den, der die Seenumrundung ausdehnen möchte. Nun geht es weiter um den Bärensee, nach etwa 500 m wird das obere Ende erreicht. Dann geht es wieder zurück zum Ausgangspunkt. Die Wege sind meist geschottert, etwas breiter als die Wege auf der anderen Seite der Seen (ca 2 m). Nach etwa 6,7 km hat man wieder das untere Ende der Seen erreicht. Insgesamt eine landschaftlich schöne, wenn auch belebte Strecke, es gibt aber hier trotzdem ganz idyllische Blicke auf das Wasser

> **Info**
> Geschichte der Bärenseen: Herzog Christoph liess im Gebiet Pfaffenwiesen die Glems aufstauen um eine Wasserversorgung für Stuttgart aufzubauen (Pfaffensee). 1619 wurde der Bärensee durch Stauung des Bernhardbaches angelegt und mit dem Pfaffensee verbunden. Im 19.Jhdt. kam der Neue See dazu. Noch im 20. Jhdt. Dienten die Seen als Wasserreservoir der Stadt Stuttgart, heute nur noch Freizeitseen, leider nicht zum Baden. Das Bärenschlössle war ursprünglich ein Jagdpavillion, 1817 von König Ludwig 1 eingeweiht, im Krieg zerstört, 1997 wiedereröffnet, ziemlich überlaufen am Wochenende.

5 *Karte S. 46*

Zum Katzenbacherhof und Katzenbachsee

START Parkplatz Ende Heisenbergstrasse

km 3,5 km/40 min. (erweiterbar)

Nicht nennenswert

S Leicht

Naturstrecke

Leicht, Beschilderung folgen (Katzenbacherhof, Katzenbachsee)

Das ganze Jahr über begehbar, auch im Winter geeignet

Anfahrt über Schattenring, Magstadter Strasse, Büsnau, beim Max-Planck Institut rechts abbiegen in Heisenbergstrasse

S-Bahn bis Universität, Bus bis Max-Planck Institut Richtung Büsnau

P Parkplatz am Ende der Heisenbergstrasse (Max-Planck Institut, Universität Stuttgart)

Forsthaus Katzenbacher Hof

Ausgangs- und Endpunkt dieser Strecke die nur durch Waldgebiet führt, ist der Parkplatz hinter dem Max-Planck Institut in der Heisenbergstrasse. Das Gebiet liegt zwischen der Universität Vaihingen und Stuttgart-Büsnau. Der Katzenbachsee gehört zum Netz der Stuttgarter Waldsportpfade. Vom Parkplatz walken wir geradeaus in Richtung Katzenbacherhof, ca. 1,4 km geht es fast kerzengerade eine leicht gesplitteten Weg zu dem ehemaligen Forsthaus des Esslinger Spitalwaldes. In den warmen Monaten kann man hier sehr schön im Biergarten sitzen. Doch wir wollen weiter zum Katzenbachsee. Vom

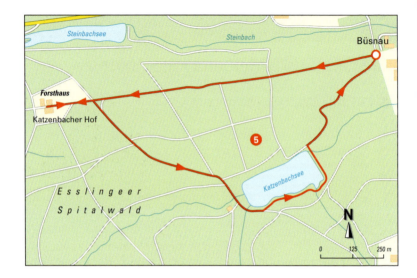

Katzenbacherhof etwa 200 m zurück und dann auf der asphaltierten Strasse nach rechts und passieren eine Schranke und sind dann auf dem Heizwerkweg. Bald taucht auf der linken Seite der etwas verträumt da liegende Katzenbachsee auf. In den frühen Morgenstunden, wenn der Nebel über dem See aufsteigt, wirkt er fast gespenstisch! Der See wird vom Katzenbach gespeist. Hauptsächlich Spaziergänger und Angler trifft man hier. Wir walken direkt am See entlang, die Wege sind hier etwas verschlungen, aber angenehm weich. Am unteren Ende des Sees, man walkt über einen Damm nach links ab, trifft man auf eine Kräftigungs- und Dehnstation. Wem die Strecke nicht reicht, kann noch mal den See komplett umrunden (ca. 800 m). Sonst geht es wieder in Richtung Ausgangspunkt Parkplatz. Hier steht auch eine Orientierungstafel, die verschiedene Laufstrecken mit unterschiedliche Länge (2,6 km–4,2 km) vorschlägt

Info

Der **Katzenbachsee** ist ein künstlicher Stausee der zum Wasserversorgungssystem der Stadt Stuttgart gehörte. Er ist durch ein Kanalsystem mit den anderen Parkseen (Bärenseen) verbunden. Heute gehört er zum Freizeitnetz der Stadt Stuttgart.

Der **Katzenbacherhof** war ursprünglich eine Meierei. Wurde 1886 als Forsthaus des Esslinger Spitalwaldes ausgebaut. Heute ein Ausflugslokal mit schönem Biergarten.

6

Rund um die Villa Berg

START Parkplatz „Mineralbäder Leuze/Berg", S-Bahnstation

km 2,2 km/45 min.

▲ 45 m

S Leicht

Interessante Tour auf Splitt-, Asphalt und Waldwegen, meist durch den Schlossgarten mit einigen Sehenswürdigkeiten

Leicht, um die Villa herum, Wegweiser SWR Studios folgen

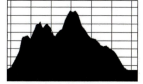

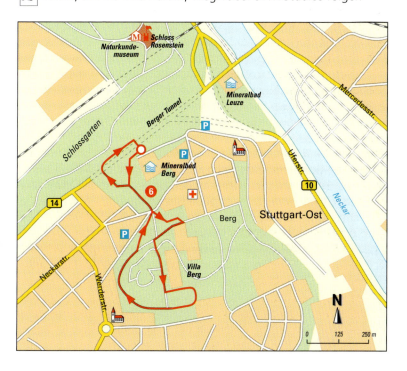

☀ Das ganze Jahr über begehbar, auch im Winter geeignet

🚗 B 14 Richtung Bad Cannstatt, beim SWR nach rechts abbiegen, dann Wegweisern Richtung Mineralbäder folgen.

🚈 S-Bahn Richtung Plochingen (S1), Haltestelle Mineralbäder

🅿 Parkplatz „Mineralbad Berg" (in der Nähe des SWR)" in der Ludwig-Dill-Straße

🍴 Kiosk im unteren Schlossgarten (in der warmen Jahreszeit), Weinlokal Melles in der Parkanlage Villa Berg

---

Noch eine Strecke im Stuttgarter Stadtgebiet. Leicht mit öffentlichen Verkehrsmitteln zu erreichen und leicht zu erreichende Parkplätze zeichnen auch diese Tour aus. Und wem die Strecke zu kurz ist, der kann sie mit kleinen Variationen noch mal walken und wird dabei immer neue Ecken und versteckte Kleinode entdecken. Ein wenig schade, dass die Anlagen unterhalb der Villa leicht verkommen erscheinen. Es fehlt wohl hier dem Mieter (SWR) das Geld. Die Strecke lässt sich aber auch gut kombinieren mit der Schlossgarten Strecke, mit der Rosensteinstrecke und der Daimler Tour. Über die verschiedenen Brücken sind diese Touren ohne Straßen überqueren zu müssen zu erreichen. Besonders reizvoll ist diese Strecke natürlich im Frühjahr und Sommer, wenn in den Anlagen die Blumen blühen.

Ausgangs- und Endpunkt auch dieser Tour ist der Parkplatz oder die S-Bahnhaltestelle des Mineralbades Berg. Zunächst walken wir in Richtung SWR Gebäude, vorbei an den Liegewiesen des Mineralbades Berg überqueren wir die Steubenstraße über den Trollingersteg. Zunächst geht es flach in die Anlagen, nach 300 m steigt es dann aber ordentlich an, an schattenspenden Bäumen vorbei wird eine Anhöhe umrundet, auf deren Spitze die Villa Berg steht, die wir dann nach weiterem Aufstieg erreichen. In dem Gebäude und den anliegen befinden sich Radio- und Fernsehstudios. Von den höher gelegenen Parkteilen hat man schöne Aussichten auf das Stadtgebiet, Cannstatt und Daimler Stadion. Wir machen einen kurzen Abstecher in die kleine Parkanlage unterhalb der Villa. Brunnen (leider ausser Betrieb) Hecken, Bänke und Wandelgänge erinnern an die besseren

Zeiten der Villa. Nachdem wir wieder auf dem Hügel oben sind, auch über Stufen möglich, – Variation des Gehstils – gehen wir über eine kleine Brücke wieder in den Parkbereich und biegen nach rechts auf den Rundweg ein. Nach wenigen Metern passieren wir eine terassenförmig angelegte Laubenkonstruktion mit Bänken und tempelähnlichen Häuschen. Voraus zeigt sich das Hochhaus des SWR, danach kommen wir an einem idyllisch gelegenen Weinlokal vorbei (Melles Weinstube). Bald erscheint wieder der Trollinger Steg, wir entscheiden nicht direkt zum Ausgangspunkt zurück zu gehen, sondern walken über den Rieslingsteg noch zu einem kleinen Abstecher durch den Unteren Schlosspark, vorbei an einem Kiosk der zum Verweilen einlädt. Dann sind es nur noch wenige Meter zur S-Bahnhaltestelle, unserem Startpunkt.

Wer noch ein wenig Zeit hat, sollte vielleicht die Gelegenheit nutzen eines der beiden Mineralbäder zu besuchen (Leuze oder Berg). Wellness pur, relaxen und erholen sind hier das Motto.

Info

Villa Berg: Der württembergische Kronprinz Karl ließ sich 1853 den Prunkbau im italienischen Renaissancestil als Sommersitz bauen. Heute nutzt vorwiegend der Südwestdeutsche Rundfunk die Villa Berg: SWR1 veranstaltet dort die Oldie-Konzerte der Reihe „Erste Sahne", SWR2 das Kulturforum und SWR3 Rock- und Popkonzerte. Direkt nebenan befinden sich die Fernsehstudios des SWR. Der Park der Villa ist direkt an den Schlossgarten angebunden. Auf dem Weg dorthin kommt man an der idyllisch gelegenen Gartenwirtschaft Melles Weinstube vorbei.

Mineralbäder: 3 Mineralbäder gibt es in Stuttgart: Leuze, Berg und Bad Cannstatt. Aus 22 Quellen, davon 19 staatlich anerkannten Heilquellen sprudeln täglich mehr als 20 Millionen Liter kohlensäurehaltiges Wasser. In den Bädern stehen öffentliche Mineralwasser-Trinkbrunnen zur Verfügung. Öffnungszeiten: Leuze (tgl. 6–21 Uhr), Tel. 07 11/2 11 79 79; Berg (Mo–Fr 6–19.30, Sa 6–18.38, So 6–13 Uhr) Tel. 07 11/9 23 65 16

7

Der Stuttgarter Osten: zur Schillerlinde

START Parkplatz Geroksruhe

km 5,3 km/60 min.

⛰ 50 m

S mittel bis schwer

Naturtour meist auf Waldwegen

Leicht, Wegweisern folgend

Das ganze Jahr über begehbar, auch im Winter geeignet

Vom Hauptbahnhof Richtung Stuttgart-Ost, Arnulf-Klett-Platz, Tunnel, Richtung Degerloch, Fernsehturm, vor dem Sendeturm Frauenkopf an der Merzschule links in Waldgebiet abbiegen

Strassenbahn Linie 5, Richtung Sillenbuch, Haltestelle Geroksruhe

Blick ins Neckartal mit Stadion und Daimler Werk

P Parkplatz Merzschule, Tennisanlage oder andere Strassenseite (Jahnstrasse)

X Vereinsheime, Restaurant an der Schillerlinde

Ausgangs- und Endpunkt dieser Tour ist der Anfang der Strasse zur Waldebene Ost, gelegen unterhalb des markanten Funkturmes auf dem Frauenkopf. Der Start liegt auch am Eingang der Merzschule und der Tennisanlage Geroksruhe. Zunächst walken wir parallel zur Straße auf zum Teil gesplitteten Waldwegen, vorbei an den Informationstafeln zum Waldsportpfad, wo verschiedene kürzere Strecken (1,8 km; 1,2 km) angeboten werden. Wir walken geradeaus weiter, vorbei an den Sportanlagen und Sportplätzen von verschiedenen Stuttgarter Vereinen. Nach den Anlagen geht es ein Stück auf der asphaltierten Strasse weiter, danach tauchen bereits die Hinweisschilder zur Schillerlinde auf, zu der wir walken indem wir scharf nach links in den Kleingartenanlagen abbiegen. Leider steht von der Schillerlinde nur noch der Baumstumpf, der Blick über den Stuttgarter Osten (Daimler Stadion, Mercedes Werk Untertürkheim, Neckar bis auf die gegenüberliegenden Weinberge und die Grabkapelle Württemberg) entschädigt aber für diese kleine Enttäuschung. Wenn wir 100 m weiter walken treffen wir auf eine Gaststätte die einen wunderbaren Ausblick in Neckartal bietet. Es geht wieder zurück, vorbei an der Schillerlinde, direkt in Richtung Sportanlagen, davor geht es rechts ab, vorbei an einem Funkturm, das Waldheim bleibt rechts liegen, das Gelände ist jetzt recht wellig. Wir überqueren eine asphaltierte Straße – Im Buchwald – und walken weiter in Richtung Naturfreundehaus. Durch das Gebiet Fuchsrain bewegen wir uns in Richtung Ausgangspunkt Geroksruhe.

Wem diese Tour nicht reicht, kann noch ein paar Schlenker dranhängen: Von der Geroksruhe geht's es zur Aussichtsplatt. Weiter der Strasse entlang in den Fuchsrainweg. Dieser Waldweg führt mit leicht abfallender Tendenz bis zum Naturfreundehaus Fuchsrain. Wer Hunger oder Durst kann diesen ausser montags hier stillen. Nun geht es die Neue Strasse hoch in die Strasse Im Buchwald, die wir in gleicher Richtung weiter gehen. Die allmählich steiler ins Tal führende Strasse (hier sind wir gefordert im bergab gehen mit Stöcken) bietet immer wieder schöne Ausblicke auf die Uhlandshöhe und die Gänsheide. Vom Weg hat man einen sehr schönen Blick auf das Gabelsberger Ortszentrum und die umliegenden Höhenzüge. Zurück nun wieder entweder die gleiche Strecke oder durch den Ort bis zur Gerokstrasse, diese links abbiegen bis zur Geroksruhe. Zur Orientierung dient uns immer der Funkturm Frauenkopf, somit kein Verlaufen möglich, auch wenn wir mal einen Weg oder Strasse weitergehen. Doch daran denken, das was wir runter gehen, müssen wir auch wieder rauf!

8 *Karte S. 54*

Unterhalb des Fernsehturms

START Parkplätze am Fernsehturm

km 4 km/60 min.

⛰ 40 m

S leicht

🐾 Naturtour meist auf Waldwegen

☞ Leicht,

☀ Das ganze Jahr über begehbar, auch im Winter geeignet

🚗 Autobahnzubringer Degerloch, B 27 bis Abzweig Jahnstrasse Richtung Sportzentrum Degerloch, Stadion Waldau

🚈 Stadtbahn U7, U5, Zahnradbahn vom Marienplatz, Bus 70

P Parkplatz am Fernsehturm, Sportgebiet Waldau, (Jahnstrasse)

🍴 Panorama Café im Turmkorb Tel: 07 11/2 36 32 40
Biergarten am Fuße des Fernsehturms Tel: 07 11/2 36 31 55,
Pommes Frites Bude

Das markanteste Bauwerk Stuttgarts ist ohne Zweifel der Fernsehturm. Aber ist das Waldgebiet um den Turm genauso bekannt? Am Fusse des Fernsehturms hat sich ein riesen Sport- und Freizeitzentrum entwickelt (Tennisvereine, Fussballvereine, Eissport, Waldheime verschiedener Organisationen). Zuerst walken wir auf dem Waldweg parallel zum Guts-Muths-Weg entlang, der nach dem Passieren der Sportanlagen der Waldau in den Bebenhäuser Weg übergeht. Nach etwa insgesamt einem Kilometer

kommen wir an eine Wegegabelung, hier biegen wir rechts ab, nach 200 m biegen wir den Abzweig links ab, der Weg trifft dann auf eine Strasse (Köngssträssle). Etwa 150 m walken wir entlang der Strasse, dann geht es wieder in Wald, der Weg biegt dann in Richtung Felder ab. Die Felder gehören zu den Versuchsfeldern der Uni Hohenheim. An den Feldern nach links abbiegend erreichen wir nach etwa 400 m den tiefsten Punkt der Strecke, das walken wird hier zu einem Crosswalk, eine kleine Schlucht wird durchschritten (Kleinhohenheimer Bach), wir treffen dann auf die Filder Strasse. Auf dieser walken wir etwa 100 Meter nach links, dann geht es über eine kleine Holzbrücke nach links wieder in den Wald hinein. Nach etwa 80 Metern verlassen wir den Hauptweg nach links, dieser Weg wird etwas schmaler, bis zur nächsten Kreuzung bleiben wir auf diesem Weg. An der Kreuzung walken wir nach rechts wieder auf dem Hauptweg, der uns wieder kerzengerade zum Ausgangspunkt zurückführt, als überragender Wegweiser dient uns immer der Fernsehturm, somit können wir den Endpunkt nicht verfehlen. Wer noch eine besondere Abwechselung haben möchte, kann noch auf einem der vielen Sportplätze eine oder mehrere Extrarunden drehen. So könnte man z.B. feststellen wie der derzeitige Trainingszustand ist (Messung der Zeit pro

Fernsehturm: Eine gute Orientierung

400 m Runde bei gleichzeitiger Kontrolle der Herzfrequenz). Aber genauso gut kann man auch in einem der vielen Sportheime einkehren!

Info

Nach einer Bauzeit von 20 Monaten ist der Stuttgarter Fernsehturm am 5. Februar 1956 in Betrieb genommen worden. Mit seiner imponierenden Höhe von 217 m ist er das Ur-Modell für die Fernsehtürme in aller Welt.

Ursprünglich wollte der damalige Süddeutsche Rundfunk seine Antennen für die Ausstrahlung der Fernseh- und der UKW-Radiosendungen auf einen der damals üblichen 200 Meter hohen, mit Drahtseilen gesicherten Eisen-Gittermasten stellen.Dieses monströse Projekt rief den als Brückenbauer und Statiker bekannt gewordenen Stuttgarter Ingenieur Prof. Fritz Leonhardt auf den Plan. Seine Idee war es, statt eines hässlichen Gittermastes eine elegante Betonnadel aus dem Wald von Degerloch wachsen zu lassen und diese mit einem touristisch und gastronomisch nutzbaren Turmkorb mit Aussichtsplattformen zu versehen.Von keinem anderen Punkt Stuttgarts aus ist der Blick auf die Stadt, über die Weinberglandschaft des Neckartales, über das schwäbische Land hinüber zur Alb, zum Schwarzwald und zum Odenwald so umfassend wie vom Fernsehturm. An vielen Tagen ist auch das Panorama der Berggipfel der deutschen, österreichischen und Schweizer Alpen zu sehen. Für das leibliche Wohl der Besucher des Fernsehturms sorgt eine leistungsfähige Gastronomie. In den neu ausgestatteten Räumen im Turmkorb befindet sich das Panorama-Café im Turmkorb mit der höchsten Bar Stuttgarts. Am Turmfuß laden das Ristorante Primafila und im Sommer der große Biergarten ein.

Technische Daten
Konstruktion: Stahlbeton
Lage: Fuß des Turmes 483 m ü. d. M.
Höhe mit Sendermast: 217 m
Höhe der oberen Aussichtsplattform: 152,40 m
Gesamtgewicht des Turmes: ca. 3000 t
Gewicht des Fundaments: ca. 1500 t
Fahrgeschwindigkeit der Aufzüge 5 m / sec
Reine Fahrzeit in eine Richtung: ca. 36 sec
Geöffnet tägl. 9–24 Uhr
Letzte Auffahrt 22.30 Uhr

9 — Karte S. 58

Kickers Stadion

START Parkplätze am Königssträssle

km 7 km/80 min.

▲ 100 m

S leicht

🏞 Naturtour meist auf Waldwegen

☞ Leicht

☀ Das ganze Jahr über begehbar, auch im Winter geeignet

🚗 Autobahnzubringer Degerloch, B27 bis Abzweig Jahnstrasse Richtung Sportzentrum Degerloch, Stadion Waldau (Kickers Stadion)

🚊 Strassenbahn U5, U6 oder U15, Zahnradbahn vom Marienplatz

P Parkplatz am Fernsehturm, Sportgebiet Waldau, (Jahnstrasse)

🍴 Biergarten am Fuße des Fernsehturms Tel: 07 11/2 36 31 55, Pommes Frites Bude, verschiedene Vereinsrestaurants

---

Ausgangspunkt für diese Tour sind die Parkplätze am Königssträssle am Stadion der Stuttgarter Kickers (heute Gazi Stadion). Direkt am Stadion ist auch unser Start- und Zielpunkt. Das Gebiet ist eines der schönsten Laufgebiete in Stuttgart und der Fernsehturm ist immer dabei!

Mehrere Strecken stehen zur Verfügung. Es gibt hier einen sehr schön ausgebauten Trimm-Dich-Pfad mit unterschiedlichen Längen (1,1 km bis 4 km – erweiterbar auf 8 km), diese Strecken sind

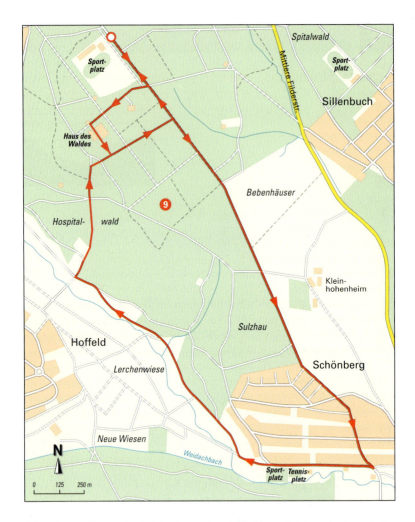

ist sehr gut ausgeschildert, so dass sie hier nicht mehr beschrieben werden. Auch finden sich überall Erklärungstafeln zu den am Rand wachsenden Bäumen und Sträuchern. Die Strecken haben zum Teil Anstiege, sie sind ferner mit Übungsstationen zum Dehnen und Aufwärmen ausgestattet. An Sonn- und Feiertagen ist das Königssträssle das am Rande des Gebiets verläuft für den Verkehr gesperrt und gehört den Joggern, Walkern und Spaziergängern.

Wir wollen etwas die ausgetretenen Wege verlassen und walken deshalb unsere eigene Strecke. Zunächst walken wir auf dem Fussweg parallel zum Königsträssle in Richtung der Wegweiser zum Haus des Waldes. Nach etwa 500 Metern biegen wir nach rechts ab in Richtung Haus des Waldes. Eine kurze Besichtigung in den hellen freundlichen Gebäuden lohnt sich, hier kann man den Wald „begreifen". Nach diesem Abstecher walken wir weiter und biegen an der nächsten Möglichkeit wieder nach links in Richtung Königssträssle ab, erreichen wir den Fussweg es geht es nach rechts weiter. Auf der gegenüberliegenden Strassenseite sieht man die Versuchsanlagen der Universität Hohenheim (Pflanzungen). Nach etwa 2 km erreichen wir den Ortseingang von Schönberg. Leicht abschüssig geht es in den Ort hinein (Parasolstrasse), zwischen den Wohnhäusern hat man den ersten Blick auf die mächtigen Wohnanlagen Asemwald rechts im Hintergrund. Am tiefsten Punkt angelangt, biegen wir scharf nach rechts ab, es geht dann vorbei am Sportplatz und dem Treffpunkt des Lauf- und Walkingtreffs TSV Birkach. Danach geht es wieder rechts am Waldrand entlang Richtung Hoffeld (Eugen-Kucher-Weg), links bleibt das Tal liegen, durch das sich der Ramsbach schlängelt. Etwa 1,2 km nach dem Treffpunktschild geht es an einem Wiesengrundstück, das wir links liegen lassen, wieder in den Wald hinein,

Kletterwand am Fernsehturm

steil den Berg hinauf auf weichem Boden, den Fernsehturm zwischen Wipfeln der Bäume immer als Wegweiser im Auge. Wir kreuzen das breiter angelegte Dampfhausstrāssle, weiter geradeaus, kreuzen den Lauchweg und kommen auf der Rückseite des Haus des Waldes vorbei und walken weiter in Richtung Königsstrāssle. Erreichen wir dieses, biegen wir nach links ab und erreichen nach etwa 600 Metern wieder das Kickersstadion. Auf dieser Tour gibt es viele Möglichkeiten zum Verlängerungen und Abkürzen, auch wird man nie alleine sein.

Wieder am Ausgangspunkt angekommen, gibt es in der näheren Umgebung viel zu sehen und zu entdecken. Besonders zu erwähnen ist die Kletterwand des Deutschen Alpen Vereins direkt gegenüber dem Trimm-Dich-Pfad. Hier kann man Alpinisten und Hobbykletterer beim Training beobachten. Mehrere Sportplätze laden dazu ein hier ein paar Sportplatzrunden zu drehen, und wenn man Glück hat, kann man die Profis der Stuttgarter Kickers auf dem Sportplatz des Kicker Stadions trainieren sehen. Doch auch der Hunger und der Durst kann in verschiedenen Gaststätten gestillt werden.

> **Info**
>
> **Haus des Waldes** – Begegnungsort für Mensch und Wald: Hier erleben Sie den Wald mit allen Sinnen. Ob in der Ausstellung im lichtdurchfluteten Gebäude oder im Wald. Überall gibt es etwas zu sehen, zu entdecken und zu erfahren. Das macht nicht nur Kindern und Jugendlichen Spaß, auch die Erwachsenen kommen voll auf ihre Kosten. Das Angebot ist vielseitig: Programme für Schulklassen und Kindergärten, Fortbildung für Pädagogen und Förster, Führungen für Erwachsene, und natürlich das offene Jahresprogramm, bei dem für alle Menschen von 4–99 etwas dabei ist. Tel. 07 11/9 76 72-0

10   *Karte S. 62*

Um den Asemwald

START Parkplatz an den Hochhäusern Asemwald

km 6,5 km/70 min.

▲ 60 m

S Leicht

Interessante Tour auf Splitt-, Asphalt und Waldwegen, meist durch den Schlossgarten mit einigen Sehenswürdigkeiten

Nach Karte orientieren, Hochhäuser dienen als Orientierung

Das ganze Jahr über begehbar, auch im Winter geeignet

Von Innenstadt Richtung Degerloch, B 27, Ausfahrt Asemwald, Wegweisern Asemwald folgen, bis Besucherparkplatz

U5 (Möhringen) + Bus 74, U6 (Leinfelden) + Bus 76

P Parkplatz am Fusse der Hochäuser Asemwald

Restaurant Hannibal, Asemwald 54, 22. Stock, Tel. 07 11/8 06 67 30

Der Asemwald ist ein Waldgebiet wie es viele andere gibt, das besondere hieran ist jedoch, dass hier drei Hochhäuser stehen mit 1143 Wohneinheiten, d. h. fast 2000 Menschen leben hier in drei Häusern. Doch das Waldgebiet bietet auch weitere Reize für Läufer und Walker. Start ist der Besucherparkplatz und Bushaltestelle mit der Infotafel gegenüber der Wohnanlage. Neben dem Startpunkt führt ein schmaler Weg in den Wald hinein, der nach wenigen Metern nach rechts abbiegt. Jetzt wird der Weg breiter, der Untergrund ist leicht

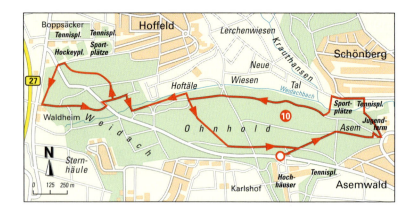

gekiest, ab und zu gibt es aber auch reinen Waldboden. Nach etwa 700 Metern kommt man zu einer Jugendfarm mit Tieren (Ponys, Hasen) und es gibt hier Veranstaltungen für Kinder. Wir Nordic Walker verlassen uns auf die eigenen Füße und biegen vor der Farm nach links auf einen breiten Waldweg ab. Danach machen wir einen kleinen Schlenker um die Sportanlagen des TSV Birkach. Hier trifft sich auch der Lauf- und Walking Treff des Vereins. Hier ist auch der tiefste Punkt der Strecke (374 m). Nach dem Sportplatz walken wir links ab, über eine Holzbrücke überqueren wir den Weidenbach, anschliessend walken wir nach rechts abbiegend parallel zum Bach im Wald weiter.

Wir treffen nun vermehrt Läufer und Walker, denn schon bald kreuzt ein Trimm-Dich-Pfad unseren Weg. Wir folgen den Trimmern nach rechts und laufen etwa einen Kilometer auf dem schmalen Trimm-Dich-Pfad, bis dieser über einen kleinen Bach führt (Weidenbach). Ab und zu treffen wir auf Dehn- und Kräftigungsstationen. Wenige Meter danach verlassen wir den Trimm-Dich-Pfad und laufen trotz diverser Abzweigungen fast geradeaus, bis wir nach insgesamt etwa 3 km auf eine Sportanlage mit Tennisplätzen stossen (Tennis Club Hohe Eichen). Danach überqueren wir die zum Asemwald führende Straße. Auf der gegenüberliegenden Straßenseite walken wir einen schmalen Pfad weiter. Hier kann man nun zwischen mehreren Wegen wählen, die alle zum Waldheim Degerloch führen. Im Sommer gibt uns der Lärm der dort tobenden Kindern eine zusätzliche Orientierung. Geht man ein paar Meter am Waldheim vorbei erkennt man im Hintergrund das mächtige Bauwerk der Daimler Konzernzentrale.

Doch wir wollen uns wieder auf den Rückweg machen, Orientierung sind wieder die Hochhäuser, zunächst bleiben wir im Waldgebiet rechts der Strasse, nach 400 Metern erreichen wir nach einer leichten Linkskurve die belebte Hauptstrasse. Nach dem Überqueren der Strasse erreichen wir wieder die abfallende Hinwegstrecke, die wir beibehalten bis ins Weidenbachtal, danach walken wir nach links, verlassen dabei die Hinwegstrecke, es geht ständig bergauf. Nach einer Linkskurve walken wir wieder direkt auf den Ausgangspunkt zu, rechts die Hochhäuser im Blick. Wer sich noch fit fühlt und auch Kleider zum Wechseln dabei hat, kann noch das Höhenrestaurant Hannibal im 22. Stock besuchen, dort hat man einen herrlichen Blick auf den Flughafen oder zur anderen Seite zum Fernsehturm. Es wird aber auch eine Sauna oder ein Hallenbad angeboten. Keine Angst, es gibt einen Fahrstuhl um in das 22. Stockwerk zu kommen.

Eine interessante Erweiterung der Strecke, die etwa 2,5 km länger ist, stellt die folgende Variante dar: Vom Waldheim Degerloch walken wir in Richtung Daimler Konzernzentrale. Erkennen kann man die Unternehmenszentrale an dem riesigen Stern auf dem Hauptgebäude. Doch zunächst muss man vom Waldheim etwa 500 Meter walken um an das umzäunte Gelände zu gelangen. Hier angekommen

Daimler-Chrysler Konzernzentrale

biegen wir nach rechts ab, es geht vorbei an der sehr aufgelockert aufgezogenen Büroanlagen. Hier werden die Autos der Zukunft ersonnen und konstruiert, werden Entscheidungen für die Zukunft von zehntausenden von Arbeitsplätzen getroffen. Für die Mitarbeiter wurden hier optimale Arbeitsplätze geschaffen, schöne Gartenanlagen, verschlafene Sitzecken und Schilf gesäumte Biotops.

Die gesamte Umrundung hat eine Länge von etwa 1,5 km, leider müssen kleine Stücke der Strecke an einer viel befahrenen Strasse entlang gewalkt werden, nach weiteren 600 Metern erreichen wir wieder das Waldheim Degerloch, nicht zu verfehlen durch den Kinderlärm. Aber hier können wir uns wieder in die alte Strecke einklinken.

Info

Zu den großen Neubauprojekten, die den Mangel an Wohnungen in der Nachkriegszeit beheben sollten, gehört auch das Projekt Asemwald. Kein anderes Großprojekt ist so lange (10 Jahre) heftig diskutiert worden wie das von der Presse „Hannibal" getaufte Projekt Asemwald unweit des dörflichen Stadtteils Birkach. Die Verfechter führten die im Vergleich zu Einzelhäusern niedrigen Grundstücks- und Erschließungskosten ins Feld und wollten eine gleichwertige Alternative zur bedrohlich zugenommenen Zersiedelung durch Einfamilienhäuser schaffen (Markelin, Müller, 1991). Die drei versetzten Baukörper mit über 20 Geschossen wurden in den Jahren 1968 bis 1972 gebaut und sollten etwa 3000 Einwohner beherbergen. Bis heute hat sich der Asemwald als geschätzte Wohnanlage erwiesen. Die Gebäude des Asemwaldes sind ein Beispiel für stadtklimatisch verträgliche Hochhausbebauung. So befindet sich die Anlage auf den gut durchlüfteten Höhen südlich des Stuttgarter Stadtkessels. Dabei behindern die Baukörper trotz ihrer Masse keine ausgeprägte Kaltluftschneise. Zudem ließen sich aufgrund dieser „vertikal organisierten Stadt" weite Wald- und Freiflächen in der Umgebung erhalten, die außer als Erholungsflächen auch als Kaltluftproduktionsflächen dienen. Im Gegensatz zu niedrigeren Bauformen mit bei gleicher Bewohnerzahl größerer versiegelter Flächeninanspruchnahme konnte eine Planung realisiert werden, die weniger klimatisch nachteilige Veränderungen (z. B. thermische Belastung) mit sich bringt.

Hohenheimer Anlagen

Karte S. 66

START Plieningen, Parkplatz Garbenstrasse

km 3,4 km/50 min., ausbaubar

30 m

S Leicht

Tour um das Hohenheimer Schloss mit dem Schlosspark, dem Botanischen Garten und dem Exotischen Garten

Leicht, in den Parks den Hauptwegen entlang

Das ganze Jahr über begehbar, besonders schön im Frühjahr

A 8, Ausfahrt B 27, Richtung Möhringen, vorbei an der Daimler Verwaltung, dann Richtung Plieningen, Schildern Uni Hohenheim folgen

U3 Richtung Leinfelden, in Möhringen in U3 Richtungen Plieningen umsteigen, bis Endstation

P Parkplatz Garbenstrasse im Bereich der Universität Hohenheim

Restaurant Speisemeisterei, Tel.: 07 11/4 56 00 37, (geöffnet Mi–Sa 19:00–24:00, So 12:00–14:00, 17:00–24:00 Uhr)

Diese relativ kurze Tour führt zum Schloss Hohenheim, heute Sitz der zweiten Stuttgarter Universität und den anliegenden grosszügig angelegten Gärten. In den Gärten kann man verweilen und Anregungen für den eigenen Garten holen.

Wir starten am Parkplatz Garbenstrasse, der bereits zur Universität gehört. Vorbei am Biologiezentrum und der Mensa taucht das mäch-

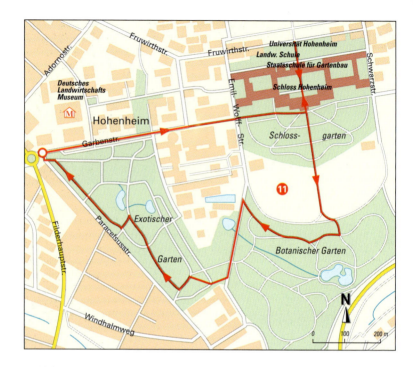

tige Schloss mit dem West- und Ostflügel und dem Mittelbau auf. Durch den Mittelbau erreicht man den Schloss Mittelhof, dann vorbei an der Speisemeisterei gelangt man auf eine freie Fläche in deren Hinteren Teil die Kavaliershäuser auftauchen. Unmittelbar angrenzend finden sich überall grosse angepflanzte Flächen. Man kann sie auch auf Wegen durchwalken, dies sind die Versuchsfelder der Universität. Hier wird unter anderem Genforschung betrieben. Zurück durch den Mittelbau des Schlosses gelangen wir in den Schlosspark. Im unteren Teil des Schlossparks befindet sich ein Weinberg und eine Schafsweide. Von der Abschlussmauer hat man einen schönen Blick auf den Botanischen Garten, Treppen führen hier runter. Wir walken nach rechts und kommen durch den hochinteressanten Botanischen Garten. Hier sollte man sich Zeit nehmen und auch mal stehen bleiben. Wenn es weiter treibt gelangt als nächstes in den Exotischen Garten mit altem Baumbestand und zum Teil fremdländischen Pflanzen. Dann geht es vorbei an architektonischen Schönheiten wie das Römische Wirtshaus. Parallel zur Paracelsusstraße gelangen wir im Park wieder zum Ausgangspunkt zurück. Wir haben zwar keine

Denkmal der Förderin von Schloss Hohenheim

grosse Strecke zurückgelegt, doch wir haben auch unseren Augen etwas geboten. Wellness für Körper und Geist!

Wem es nun aber absolut nicht reicht von der Belastung und der Entfernung her, dem kann hier geholfen werden. Wir walken vom Parkplatz aus in Richtung Stadtbahnhaltestelle U3, hier geht es vorbei auf einen grossen Runden Baum zu, das sind insgesamt etwa 1 km. Blick man von hier nach links sieht die an- und abfliegenden Flugzeuge des nahen Flughafens Stuttgart, in dessen unmittelbarer Umgebung eine neue grosse Messeanlage gebaut wird. Rechts rüber sieht man in einiger Entfernung die drei grossen Wohnblocks der Wohnanlage Asemwald, bis dahin sind es vom Runden Baum, der hier wie ein Denkmal auf der Wegekreuzung steht, noch 2 km. Man walkt hier hauptsächlich durch die landwirtschaftlichen Versuchsanlagen der Universität Hohenheim, als Wegweiser dienen immer die grossen Wohnblocks Asemwald. Leider verläuft die gesamte Strecke auf Asphalt und bietet keinen Schatten. Insgesamt erreichen wir durch diese Strecke die leicht zu walken ist (flach und einfache Orientierung) zusätzliche 6 km.

> **Info**
>
> Schloss Hohenheim, auf den Fildern südlich von Stuttgart gelegen, ist die jüngste Schöpfung von Herzog Carl Eugen. Er hatte das Landgut Garbenhof 1771 seiner damaligen Mätresse, der Stuttgarter Sängerin Katharina Bonafini, geschenkt. Doch schon 1772 wechselten Mätresse und Besitzerin des Hofguts: Im Garbenhof hielt Freifrau Franziska von Leutrum ihren Einzug, die 1774 von Kaiser Joseph II. zur Reichsgräfin von Hohenheim erhoben und 1783 Gemahlin des Herzogs wurde. Franziska verwandelte den stets dem prallen Leben zugeneigten Carl Eugen in einen das stille Landleben genießenden Mann. Von 1772 an wurde der Garbenhof, eigentlich ein großer Bauernhof, baulich aufgewertet, 1785 dann der Grundstein für ein neues, repräsentatives Schloss Hohenheim gelegt. Danach blieb das von den Nachkommen ungeliebte Schloss als Bauruine stehen, bis König Wilhelm I. dort 1818 eine Landwirtschaftliche Unterrichts-, Versuchs- und Musteranstalt gründete. Heute ist diese samt dem Schloss Bestandteil der Universität Hohenheim. Erhalten geblieben sind das Schloss und der Park mit dem Botanischem Garten.

12

Karte S. 71

Walken im Siebenmühlental

START Parkplatz in Musberg, Start des Bundeswanderweges

km 19 km/3–4 Stunden

▲ 100 m

S Schwer

Interessante Tour auf Asphalt und Waldwegen, Wald und Wiesen wechseln

Leicht, Siebenmühlental Hinweisschilder folgen, Bundeswanderweg

Das ganze Jahr über begehbar, im Frühjahr am schönsten

A 8, Ausfahrt Stuttgart-Degerloch, dann auf B 27 in Richtung Echterdingen/Tübingen; nach Musberg gelangt man über Echterdingen und Leinfelden

Nach Leinfelden kommt man mit S2, S3, U5; vom Bahnhof Leinfelden nach Musberg verkehrt die Buslinie 86

P Parkplatz Musberg Ortsausgang Richtung Waldenbuch

Biergartencafe´ Waldmeister, ganzjährig geöffnet, Tel. 0 71 57/53 61 92)

Diese Tour führt uns zu einer ganz bekannten Strecke im Südosten von Stuttgart. Es ist dies ein Nordic Walk im Siebenmühlental. Das Siebenmühlental liegt am Rande des Naturschutzgebiets Schönbuch, es beginnt in Leinfelden-Echterdingen - Stadtteil Musberg, (das liegt am Flughafen Stuttgart) und zieht sich ca. 10 km bis nach Waldenbuch immer entlang des Reichenbachs bis zur Burkhardtsmühle. Der Weg verläuft auf der asphaltierten Trasse der Dampfeisenbahnstrecke von Leinfelden nach Waldenbuch, deshalb auch hier die Asphalt Pads bereithalten. Die Strecke ist weiterhin im Frühjahr Laufstrecke für Schönbuchmarathon und Halbmarathon. Die Strecke ist sehr anspruchsvoll, erstens wegen der Länge (etwa 19 km) und zweitens wegen des Anstieges auf der letzten Hälfte der Strecke. Es geht ständig fast unmerklich bergab, erst beim Rückweg merkt man dass es ständig bergauf geht. Unterwegs gibt es immer wieder Hinweise auf

die 13 Mühlen, die zum Teil noch in Betrieb sind, meist aber als Gastwirtschaften betrieben werden, die meisten liegen jedoch nicht direkt an der Strecke. In der Reihenfolge ihres Erscheinens die Mühlen: **Obere Mühle, Eselsmühle, Mäulesmühle, Seebruckenmühle, Schlechtsmühle, Schlösslesmühle, Walzenmühle, Kochenmühle, Obere Kleinmichelsmühle, Untere Kleinmichelsmühle, Burkhardtsmühle**. Direkt an der Strecke bei der Burkhardsmühle liegt ein Biergarten, das Biergartencafe Waldmeister, bis dahin sind wir immerhin 9 km gewalkt. Das letzte Stück durch das Aichtal bis zum Orteingang von Glashütten ist wieder flach, hier be-

enden wir auch den ersten Teil der Strecke, wir walken die gleiche Strecke wieder zurück, allerdings geht es jetzt fast 9 km bergauf. Vielleicht fällt uns beim Rückweg auf, dass wir auch ein Viadukt überquert haben. Ein wenig Rücksicht ist notwendig, wenn am Wochenende viele Radfahrer und Inliner die Strecke mitbenutzen. Jeder, der diese Strecke hinter sich gebracht hat, verdient unsere Hochachtung.

Info

Eines der Besonderheiten ist der Bundeswanderweg von Musberg bis nach Waldenbuch/Glashütte. Dieser Weg war der Bahndamm der ehemaligen **Dampf-Eisenbahn** die hier von 1928 bis 1956 zwischen Leinfelden und Waldenbuch verkehrte. Da er nur sehr sachte ansteigt (bzw. abfällt) ist er ein Eldorado für Radler, Inliner und Wandere Ursprünglich war es ein Dreizehnmühlental,

Hier geht's zum Cafe Eselsmühle, für uns noch nicht!

heute finden man noch elf Mühlen im sogenannten Siebenmühlental. Beschaulich liegen die Mühlen – von der Oberen Mühle bis zur Burckhardtsmühle – im idyllischen Reichenbachtal am Südwestrand der Filderebene. Jede Mühle hat ihre Besonderheit und blickt auf eine lange Geschichte bis weit ins Mittelalter zurück – und mehr als ein Mühlrad dreht sich noch. Sechs der geschichtsträchtigen Betriebe sind bewirtschaftet und laden meist zu Hausmannskost in gemütlicher Gastlichkeit.

In der über 600 Jahre alten Eselsmühle betreibt das oberschlächtige Mühlrad ein altes Mahlwerk, in dem noch heute das Mehl aus biologisch-dynamischem Anbau für das vielgelobte „Gmelin-Brot" aus dem Holzbackofen gemahlen wird. Immerhin 15 Prozent der benötigten Energie liefert in alter Tradition der Reichenbach. Das Café ist das ganze Jahr bewirtschaftet. Gleich nebenan im Hofladen können man natürliche Produkte kaufen. Die Mäulesmühle ist Domizil der aus dem Südwest-Fernsehen bekannten „**Komedescheuer**", in der heitere schwäbischen Mundartstücke aufgeführt werden. Gleich nebenan in einem liebevoll restaurierten Gebäude residiert das **Mühlenmuseum**, in dem die Funktion und die Geschichte des Müllerhandwerks eindrucksvoll gezeigt werden. Auch die Mäulesmühle lädt zu einer Rast in der Gaststätte. Weiter im Tal stehen noch die Seebrückenmühle mit der Kunstgalerie „**Weiße Scheune**" des ortsansässigen Künstlers Hans Hahn-Seebruck (ebenfalls bewirtschaftet), die Schlechtenmühle, die Schlösslesmühle (mit Gaststätte), die Walzenmühle und die bewirtschaftete Kochenmühle. Weiterhin folgen die Untere und Obere Kleinmichelesmühle sowie die Burckhardtsmühle mit ihrer Gastwirtschaft.

Eine Sage erzählt die Geschichte des Müllers der Oberen Mühle. Der Müller der **Oberen Mühle** war fleißig, aber auch sehr geizig. Eines Abends kam ein fahrender Händler, dem er ein Nachtlager anbot um ihn dann Nachts um seine Einnahmen zu erleichtern. Der Händler bemerkte den Diebstahl, wurde aber vom Müller und seinen Hunden vom Hof gejagt. In sicherer Entfernung stieß der Händler einen schrecklichen Fluch aus, der Unglück, Mäuse, Krankheit usw. über die Mühle brachte. Der Müller verfiel darauf hin in Armut und musste die seit Generationen im Besitz befindliche Mühle an den Nächstbesten verkaufen.

13

Karte S. 74

Vom Bahnhof um die Seen des Gartenschaugeländes

START Bahnhof Böblingen

km 5,3 km/60 min.

▲ Keine

S Leicht

Schöne Tour durch Gelände der ehemaligen Landesgartenschau, meist leicht gekieste Wege, teilweise Asphalt

Leicht, Hauptwegen folgend

Das ganze Jahr über begehbar, auch im Winter geeignet

Böblingen, südlich von Stuttgart (A 81), Ausfahrt Böblingen Ost Richtung Innenstadt

S1 von Stuttgart, Endstation Schönbuchbahn

P Parkplätze um den Bahnhof

Restaurant im Kongresszentrum, ganzjährig geöffnet, verschiedene Restaurants in der Bahnhofstrasse

---

Böblingen liegt 20 Kilometer südwestlich der Landeshauptstadt Stuttgart. Direkt an der A 81 Stuttgart-Singen, der S-Bahnlinie S1 Stuttgart-Herrenberg sowie an der Schönbuchbahn Dettenhausen-Böblingen.

Der Ausgangspunkt dieser Strecke ist der Böblinger Bahnhof. Böblingen ist Heimatstadt mehrerer Computerunternehmen. Vom Bahnhof geht es geradeaus in die Bahnhofstraße (Einkaufsstraße und Restau-

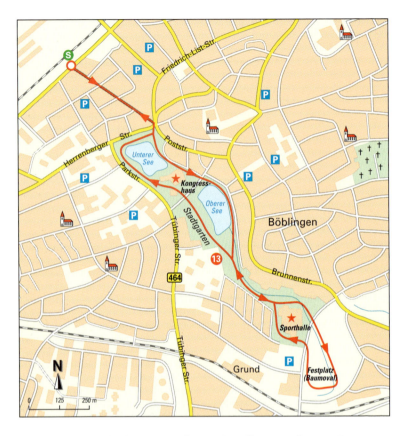

rants). Am Rande der Strasse fliesst ein offenes gefasstes Gewässer. Am Ende der Bahnhofstraße muss man den Elbeplatz überqueren, jedoch besser ist es wegen des starken Autoverkehrs die Unterführung zu benutzen. Hier beginnt der Untere See, der am oberen Ende von der Kongresshalle begrenzt wird.

Wir walken auf der linken Seite der Anlagen. Nach dem Überqueren des Albasteges (Alba ist Partnerstadt in Italien) kommt man zum Oberen See. Beide Seen gehören zum Park der Landesgartenschau von 1996. Links von den Seen liegt die Kernstadt auf einer Anhöhe, wir bleiben im Park, gelangen zur Böblinger Sporthalle. Von hier aus werden sehr viele Veranstaltungen im Fernsehen übertragen. Weiter walken wir zum Baumoval, ein aus einer zweireihigen Pappelreihe bestehendem Oval von 550 Metern Länge. Die Mitte des Ovals dient

Amphoren am Unteren See in Böblingen

als Festplatz (Zirkusplatz, etc.). Nach dem erfolgreichen Umrunden des Ovals walken wir wieder in Richtung Ausgangspunkt, gehen jetzt aber auf der anderen Seite der Seen. Am Oberen See geht's vorbei an der Gaststätte Bootshaus, an der eigenwilligen Wandelhalle und dem Kongresszentrum. Am Ende des Unteren Sees erscheinen einige seltsame Behälter auf Ständern, „Amphoren am Baumdach". Durch die Unterführung am Elbeplatz erreichen wir wieder die Bahnhofstraße. Wen der Hunger quält, hat hier die Möglichkeit zwischen mehreren internationalen Restaurants zu wählen. Vielleicht etwas pflastermüde erreichen wir wieder den Bahnhof, unseren Ausgangspunkt.

Amphoren am Baumdach: Neun Vasen auf dreibeinigen Stelzen. Amphoren sind griechischer Gefässe in bauchiger Form mit seitlichen Henkeln. Sie fanden in der Antike ursprünglich Verwendung in der Olivenernte und waren in dieser Zeit das gebräuchlichste Vorratsgefäss im Haus und auf Schiffen. Die fusslose Spitzamphore wurde entweder in Ständern oder direkt im Boden aufgestellt. Die aufgestellten Amphoren sind Nachbildungen.

Böblingen ist dem äußeren Erscheinungsbild nach eine junge Stadt, aber dennoch ist es eine Stadt mit einer weit zurückreichenden Vergangenheit. Im Jahr 2003 konnte sie Geburtstag feiern - die 750. Wiederkehr ihrer Stadtgründung. Dabei gibt es freilich ein kleines Problem: Im klassischen Fall einer Stadtgründung verleiht der Stadtgründer das Stadtrecht und besiegelt es mit einer Urkunde. In der Gründungsurkunde sind üblicher - weise die Rechte und Privilegien der Stadt fixiert, z. B. das Recht, Markt zu halten. Ein solches Dokument - eine Stadtgründungsurkunde - ist für Böblingen nicht überliefert. Wir bewegen uns, was die Böblinger Stadtgründung betrifft, also nicht auf urkundlich gesichertem Boden. Gesichert ist allerdings, dass Böblingen vor 50 Jahren im Jahr 1953 seinen 700. Geburtstag begongen hat -in einem für viele Mitbürgerinnen und Mitbürger bis heute unvergessenen Festreigen. Dennoch dürfen wir mit Fug und Recht davon ausgehen, dass die Stadtgründung von Böblingen in den Jahren nach 1250 erfolgt ist. Stadtbürger („cives") werden für Böblingen im Jahr 1272 erwähnt. Böblingen war damals Sitz einer Seitenlinie der Pfalzgrafen von Tübingen.

14   *Karte S. 78*

Vom Waldheim Sommerhof durch den Sommerhofenpark

START Parkplatz Waldheim Haus Sommerhof

km 5,3 km/60 min.

▲ vernachlässigbar

S Leicht

🚴 Schöne Tour durch Gelände der ehemaligen Landesgartenschau, meist leicht gekieste Wege, teilweise Asphalt

☞ Leicht, Hauptwegen folgen

☀ Das ganze Jahr über begehbar, besonders reizvoll im Frühjahr

🚗 Sindelfingen, südlich von Stuttgart (A81), Richtung Schwimmbad, dann Richtung Eschenried, dann Waldheim Sommerhof

P Parkplatz Waldheim Haus Sommerhof

🍴 Restaurant Haus Sommerhof, Tel. 0 70 31/70 30

Der Ausgangspunkt dieser Strecke ist das Waldheim Haus Sommerhof, Stützpunkt des ASB und Restaurant/Hotel). Hier gibt es ausreichend Parkplätze. Neben dem Restaurant ein Kinderspielplatz. Zunächst walken wir auf Asphalt, der Strasse folgend, nach etwa 300 m geht es links einen Fussweg rein, der dann parallel zum Sommerhofenbach verläuft. Über eine Holzbrücke, vorbei an einer Schule treffen wir auf eine Hauptstrasse (Hohenzollernstraße), die überquert werden muss. Danach befinden wir uns schon am oberen Ende des Parks. Der Sommerhofenpark war 1990 Teil der Landesgartenschau, die in Sindelfingen statt fand. Die Wege im Park sind leicht

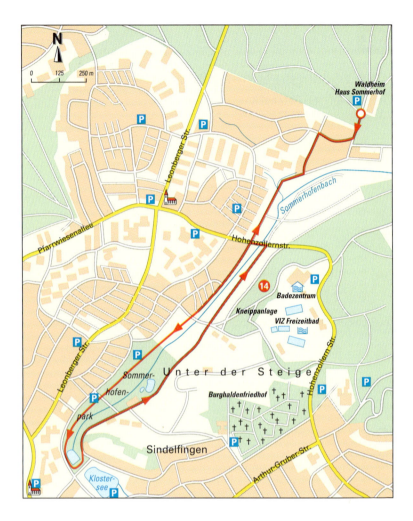

gekiest. Man walkt durch schön angelegte Anlagen, es gibt aber auch Gelegenheit zum Einkehren. Die Walkrichtung ist immer in Richtung Stadt Sindelfingen. Durch das Gelände fliesst der Sommerhofbach. Interessant ist der Wasserspielplatz für Kinder mit Wasserbaustelle, Kletterbaum und Wackelbrücke. Zum Ende des Parks passiert man eine kleinen See, gegenüber liegt der Klostersee.

Mit Wasserfontainen begrüsst uns der Klostersee, wir walken zwischen den Seen die Stiftstraße weiter, dann biegen wir links ab, auf der anderen Seite des Parks geht es wieder zurück Richtung Ausgangspunkt. Nach etwa 500 m taucht die moderne Klosterseehalle auf, Veranstaltungsort für Konzerte und Theaterstücke. Danben befindet sich der Bahnhof der Parkeisenbahn, wer müde ist kann sich hier ausruhen. Weiter geht es vorbei am BUND Umweltzentrum, rechts oben liegt das Sindelfinger Hallen- und Freibad. Man kann dann dem Hauptweg folgen oder walkt geradeaus weiter einem Wiesenweg folgend, was eine schöne Abwechselung vom Untergrund her ist. Dann taucht wieder die Hauptstraße auf, vorbei an der Schule, über die Holzbrücke und am Bach entlang, durch eine gute Wohngegend walkend, erreichen wir wieder Haus Sommerhof. Sommerhof ist umgebend von einem grossen Waldgebiet, hier lassen sich leicht alternative Strecken finden.

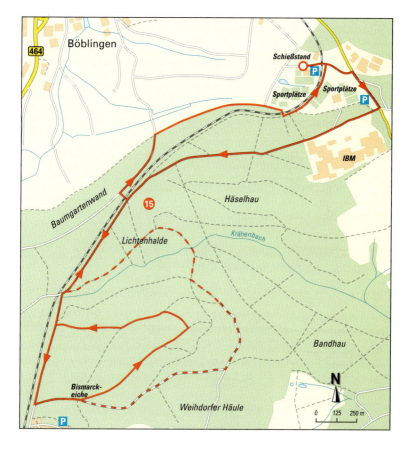

15

Karte S. 79

Um den Schönaicher First

START Parkplatz Am Zimmerschlag, Haltestelle Schönbuchbahn in Böblingen am Schönaicher First

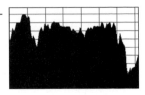

km 8,3 km/90 min.

▲ Steigung gleich am Anfang (fast 30 m), später nur wenig Steigungen

S Leicht

🦌 Schöne Tour, fast komplett im Wald

☞ Leicht, Hauptwegen folgen

☀ Das ganze Jahr über begehbar, auch im Winter geeignet

🚗 Böblingen, südlich von Stuttgart, Richtung Schönaich

🚌 Schönbuchbahn Haltestelle Zimmerschlag

P Parkplatz am ESV Böblingen (ehemaliger Bahnhof)

✗ verschiedene Vereinsheime, Restaurant des IBM Klubs, ganzjährig geöffnet, Tel. 0 70 31/27 22 47

Der Ausgangspunkt dieser Strecke ist der alte Bahnhof am Schönaicher First, an den Sportanlagen der Stadt Böblingen, auch als Zimmerschlag bekannt, heute Haltestelle der Schönbuchbahn. Zunächst walken wir parallel zur Strasse Richtung Schönaich, auf der Anhöhe geht es rechts ab in Richtung Labor von IBM. Hier vorbei geht es in den Wald.

Für etwa 3 km walken wir gerade aus, zum grossen Teil entlang der Bahnstrecke der Schönbuchbahn. Im Frühjahr kann man das hier wachsende Senfkraut mit seinem intensiven Geruch riechen. Wenn die ersten Häuser von Holzgerlingen in Sicht sind und die Geräusche der Bundesstrasse stärker werden, geht es nach links in den Wald rein. Nach etwa 500 m steht in mächtiger Baum, die Bismarckeiche an einer grossen Wegekreuzung. Auf der Ebene walken wir gerade aus weiter, der Weg führt in einem Halbkreis auf den Hauptweg, den wir vorher verlassen haben, zurück. Es geht jetzt wieder Richtung Ausgangspunkt, jedoch überqueren wir die Gleise der Schönbuchbahn. Dann geht es nach links ein wenig bergab bis wir den Wald verlassen, am Waldrand entlang nach rechts in Richtung Sportanlagen. Durch die Sportanlagen, Tennisplätze und Fussballplätze erreichen wir wieder den Ausgangspunkt. Hier kann man in der Gartenwirtschaft sich eine verdiente Pause gönnen. Mit der Schönbuchbahn kann man den Anschluss an weitere öffentliche Verkehrsmittel finden (Bahnhof Böblingen, Stuttgart)

Auch für diese Strecke gibt es die Möglichkeit einer anspruchsvollen Verlängerung von knapp einem Kilometer aber mit einer Höhendifferenz von 60 Metern. Um auf diese Strecke zu kommen müssen wir an der Bismarckeiche halbrechts talabwärts walken, der Weg ist etwas breiter als der auf der Höhe verbleibende. Der Weg führt nach etwa 500 Metern immer ständig nach links schwenkend und stark ansteigend wieder zur Originalstrecke, die parallel zur Schönbuchbahn verläuft, zurück.

Info

Die **Schönbuchbahn** ist eine rechte schwäbische Erfolgsstory. 30 Jahre lang war die einst „unrentable" Nebenbahn im Personenverkehr stillgelegt. Dann übernahm sie ein kommunaler Zweckverband, um sie mit einem zeitgemäßen Verkehrskonzept für die Fahrgäste wieder attraktiv zu machen. Als Betreiber wurde die private Württembergischen Eisenbahn Gesellschaft (WEG) engagiert. Bei der Wiedereröffnung im Dezember 1996 hatten die Gutachter allenfalls mit 2500 täglichen Pendlern gerechnet. Inzwischen sind in den modernen Regio-Shuttles täglich über 6000 Fahrgäste unterwegs. Bereits mehrfach wurde das Bahnangebot verdichtet. Seit November 2000 rollen die Züge werktags durchgehend bis 22 Uhr und samstags bis 16 Uhr im Halbstundentakt. Das Ende des Fahrgastbooms scheint nicht in Sicht, zumal die Besiedelung im Schönbuch weiter zunimmt. Man werde wohl eines Tages auf noch größere Fahrzeuge umsteigen müssen, heisst es bei der WEG. Doch für die nahe Zukunft dürften die zwei zusätzlichen Regio-Shuttles erst mal ausreichen. Der Vorteil für die Fahrgäste: es stehen mit einem Schlage 76 zusätzliche Sitzplätze zur Verfügung. Sechs statt bisher vier Türen erleichtern das Ein- und Aussteigen. Der Nachteil: die meisten der bislang rund 60 Meter messenden Bahnsteige mussten verlängert werden, was zusätzliche Kosten von 1 Million Mark verursachte.

16

Die Ludwigsburger Schlösser

START Bärenwiese am Forum Ludwigsburg

km 9,5 km/2 Stunden

▲ 40 m

Schlössertour auf Kies- und Asphaltwegen, mit einigen Sehenswürdigkeiten

Leicht, im Park den Hauptwegen entlang

Das ganze Jahr über begehbar, im Frühjahr besonders schön

B 27 Richtung Ludwigsburg

Residenzschloss Ludwigsburg

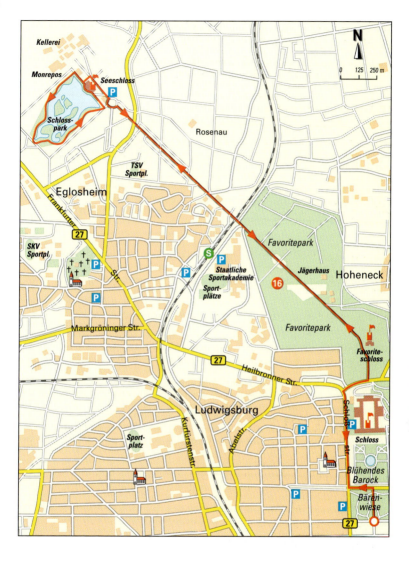

 S-Bahn S4 und S5

P Parkplatz Bärenwiese am Forum Ludwigsburg

Schlosshotel Monrepos Ludwigsburg
Tel: 0 71 41/30 20, Kiosk beim Schloss Favorite

Ausgangs- und Endpunkt dieser Tour ist der Parkplatz an der Bärenwiese neben dem Forum Ludwigsburg. Von hier aus führt eine Allee zum 300 Jahre alten Residenzschloss mit dem Garten Blühendes Barock. Hat man eine Jahreskarte, so kann man direkt durch den Schlosspark walken, was sich aber nur außerhalb des Spitzenandrangs im Blühenden Barock lohnt. Abends kommt man ohne Eintritt in den Park durch die Drehtüren und kann das Schloss aus der Nähe ansehen. Haben wir dieses Privileg nicht, müssen wir im Bogen um das Schloss und parallel zur Bundesstraße 27 walken (ca. 800 m). Am Ende des Schlosspark walken wir rechts ab und erreichen über die Fussgängerbrücke das Naturschutzgebiet Favoritepark. Hier hat man bereits einen schönen Blick auf das Jagd- und Lustschloss Favorite, bekannt heute durch das Nachtcafe´ von Wieland Backes. Der Park ist übrigends das älteste Naturschutzgebiet in Württemberg (Eintritt frei). Zum Schloss geht es einen kleinen Anstieg hinauf, dann läuft man eine lange Kastanienallee (Wilhelmsallee) lang vorbei an Damwild, Wildruhezonen und dem Jägerhaus. Am Ende der langen Geraden durch den Park befindet sich eine Drehtür und hinter ihr eine Straße, die geradewegs hinunterführt zum Seeschloss Monrepos. Wir sind jetzt knapp drei Kilometer gelaufen, und die Strecke führt steil abwärts. Zu verdanken ist dieses Wegenetz Herzog Carl Eugen, der um 1760 die ganze Stadt mit Alleen durchziehen ließ. Um den See herum führt ein zwei Kilometer langer Rundkurs auf gesplitteten Kieswegen. Unterwegs gibt es idyllische ruhige Plätze zum Verweilen und schöne Blicke auf das Schloss. Auf dem Gelände gibt es weiterhin ein Hotel, Clubhaus, Reithalle, Bootsverleih, das Weingut des Hauses Württemberg und eine Gaststätte. Der nahe liegende Golfplatz ermöglicht eine zusätzliche Walkrunde, sonst geht es wieder zurück, vorbei an der pyramidenförmigen weissen Skulptur am Parkeingang. Die Seeschlossallee führt am Anfang mit einer ordentlichen Steigung zum Favoritenpark (ca. 1,5 km), am Schloss Favorite vorbei, über die Fussgängerbrücke und am Residenzschloss entlang wieder zur Bärenwiese. Der grösste Teil der fast 10 km langen Strecke führt leider über Asphalt, die Asphalt Pads für die Stöcke also nicht vergessen.

> **Info**
>
> Das Residenzschloss „**Ludwigsburg**" liegt ziemlich exakt in der Stadtmitte. Herzog Eberhard Ludwig von Württemberg (1677–1733) legte im Jahr 1704 den Grundstein zur Erbauung eines der größten barocken Residenzen in Europa. Der ehrgeizige Herzog wollte unbedingt mit den Bauvorhaben in München und Rastatt konkurrieren. Zu diesem Zwecke plante er auch die dazugehörige Stadt.

Den Menschen, die sich zu einer Ansiedelung bereit erklärten, versprach er deshalb Befreiung von Steuern und noch weitere Privilegien.Ludwigsburg wurde dann 1724, an Stelle von Stuttgart, zur alleinigen Residenz erhoben. Eberhard Ludwigs Maitresse Wilhelmine von Grävenitz war ein wesentlicher Grund für die Verlegung von Stuttgart nach Ludwigsburg. Ludwigsburg wurde von Herzog Friedrich II, dem von 1798 bis 1816 regierenden späteren ersten württembergischen König, zunächst als Sommerschloss genutzt. Nach der Ernennung zum König durch Kaiser Napoleon im Jahr 1806 werden die meisten Teile des Schlosses im Stile des französischen Empire verändert. Im Neuen Hauptbau ist diese Einrichtung noch heute zu sehen. Schloss Ludwigsburg zeigt eindrucksvoll und imposant die wechselvolle Geschichte unter drei württembergischen Herrschern auf. Die kostbaren Gemälde, Skulpturen und Möbel machen einen Besuch zum absoluten Erlebnis. Besonders empfehlenswert die Besichtigung des Blühenden Barock und des Märchengarten einen großen Teil Ihrer Besuchszeit zu spendieren.

Inmitten eines weitläufigen Parkes, dessen Waldungen 1707 für eine Fasanerie angelegt wurden, liegt das barocke Lust- und Jagdschlösschen **Favorite**. Es wurde in den Jahren 1717–1723 nach den Entwürfen des Hofbaumeisters Donato Guiseppe Frisoni errichtet. Herzog Eberhard Ludwig, der Erbauer des Ludwigsburger Residenzschlosses, ließ den waldreichen Park mit einem Palisadenzaun umgeben und richtete eine Fasanenzucht ein. Die Favorite war nicht für längere Aufenthalte gedacht: Sie diente als Blickfang, der die Hauptachse Ludwigsburgs im Norden abschließen sollte. Man nutzte das Schloss ansonsten bei Jagden, als sommerliche Villa und genoss aus der Beletage einen ausgezeichneten Ausblick. Die Kulisse für ein prächtiges *Feuerwerk* bildete Schloss Favorite bei der Hochzeit Herzog Carl Eugens mit Elisabeth Friederike von Brandenburg-Bayreuth im Jahre 1748. Carl Eugen verlegte 1750 die Fasanenzucht und ließ weiße Hirsche im Park ansiedeln. Herzog Friedrich II., ab 1806 erster württembergischer König, ließ bald nach seinem Regierungsantritt den Park in einen Tiergarten mit Damwild, Gemsen und Axishirschen verwandeln.

In einem Seegarten liegt das Lustschlösschen **Monrepos**. Die schnurgerade, drei Kilometer lange Seeschlossallee von Schloss Favorite aus weist den Besucherinnen und Besuchern auch heute noch den Weg. Erbaut wurde Monrepos unter Herzog Carl Eugen in den Jahren 1758 bis 1764 auf einem aufgeschütteten Gelände. Den Sommer über sollten sich darin „gnädigste Herrschaften mit plaisir divertiern können". Das barocke Schlösschen lag, nachdem Carl Eugen sein Interesse anderen Bauten zugewandt hatte, mehrere Jahrzehnte im Dornröschenschlaf. Geschmack der Zeit einen englischen Landschaftsgarten. Auch heute noch kann man jedoch eine Kahnpartie auf dem idyllischen See unternehmen. Sie fällt nur schlichter aus als zu Herzog Carl Eugens Zeiten, als noch aus Venedig herbeigeschaffte Gondeln von echten Gondolieri gelenkt wurden. Das Schloss befindet sich im Besitz des Hauses Württemberg und kann nur nach besonderer Vereinbarung besichtigt werden.

17

Stuttgart Mitte

START Hauptbahnhof Stuttgart, Touristikinformation

km 5 km/60 min.

▲ Nicht nennenswert

S Leicht

◆ Entdeckungstour durch Stuttgart; fast ausschließlich Asphalt und Kopfsteinpflaster

☞ Leicht, Orientierung an markanten Punkten

☀ Das ganze Jahr über begehbar

🚗 B 14 Richtung Hauptbahnhof

🚌 S-Bahnen Richtung Hauptbahnhof

P Parkhäuser um den Hauptbahnhof

Baden-Württembergischer Landtag

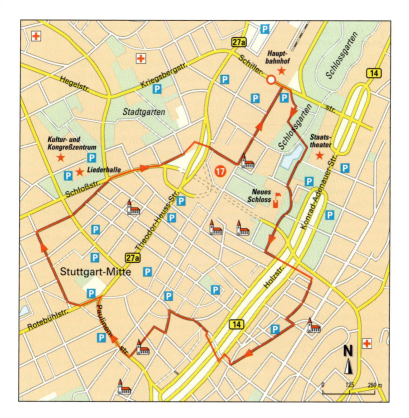

☒ Restaurants, Kneipen, Kiosk, Bistros, Eisdielen entlang der Strecke

---

Diese Tour fällt ein wenig aus dem Rahmen: mit einem Sportgerät eine Stadt erkunden. Vielleicht wird man ein paar erstaunte Blicke erhaschen, vielleicht auch ein paar böse. Aber heute gibt es Volkläufe in den Citys mit Läufern, Inlinern und Walkern. Also warum nicht auch alleine die Stadt mit Stöcken erkunden, warum nicht Sport und Kultur kombinieren. Das erfordert natürlich in den belebten Bereichen wie Königsstraße Rücksichtnahme.

Wir verlassen den Hauptbahnhof durch die Klettpassage, walken ein Stück die Königsstraße entlang, bis nach links eine Passage zum Schlossgarten führt. Dann geht es weiter zum Großen Haus, vorbei am Eckensee, rechts abbiegen und auf das Neue Schloss zugehen. Am Landtag vorbei, zum Akademiebrunnen und Karlsplatz, danach nach rechts und überqueren die B 14, die hier wie eine Stadtautobahn ausgebaut ist. Weiter über die Charlottenstrasse bis zur Weberstraße, die wir recht einbiegen. Das Gebiet hier nennt man Bohnenviertel, früher ein Armenviertel. Vorbei am Schellenturm am Katharinenplatz; die Weberstraße verlassen wir ab und zu nach links um kleine Sehenswürdigkeiten in der Katharinen Straße mit zu erfassen. Von der Weberstraße aus geht es dann zum Wilhelmsplatz, am Wochenende findet hier ein Gemüsemarkt statt. Auf der anderen Straßenseite führt die Torstraße weiter, deren markantestes Bauwerk der Tagblatt-Turm, mit 61 Metern 1928 das höchste Bauwerk Stuttgarts. Weiter dann bis links in die Torstraße erreicht wird, weiter zur Sophienstraße. Hier kann man noch ein Stück alte Stadtmauer entdecken. Nach rechts walken wir dann die viel befahrene Paulinenstraße weiter bis zum mächtigen Rötebühlbau Der 150 Meter lange Bau war früher eine Infantriekaserne und beherbergt heute das Finanzamt. Links vom Rotebühlbau nehmen wir die nach abgehende Herzogstraße. Am Siebener-Ehrenmal rechts in die Herzogstraße hinein und an der nächsten Verzweigung nach rechts in die Weimarerstraße, der wir bis zur Leuschnerstraße folgen. Wir walken dann die Schloßstraße nach rechts weiter. Es erscheint dann als nächstes das große Gebäude des Landesgewerbeamtes, früher als Museum geplant. Über den Gustav-Heinemann-Platz gelangen wir zum Friedrichsbau, ein Variete´-Theater. Nach dem Überqueren der B 27 walken wir durch die Bolzstraße zum Schlossplatz. Der Schlossplatz hat seine Anfänge im 19.Jahrhundert, er wird eingerahmt vom Königsbau mit der Börse, dem Alten Schloss, dem Neuen Schloss und dem Kunstgebäude. Ein sehr modernes Gebäude ist mit dem neuen Kunstmuseum entstanden, aber nicht jedermanns Geschmack. Auf dem Platz steht die Jubiläumssäule. Auf dem Schlossplatz finden jährlich mehrere Veranstaltungen statt: Sommerfest, Popkonzerte, Weihnachtsmarkt. Wir müssen wieder zurück zum Ausgangspunkt, diesen erreichen wir über die Königsstraße in Richtung Bahnhof, vorbei an der Domkirche St. Eberhard, vielen kleinen Läden, eleganten Modegeschäften und großen und bekannten Kaufhäusern. Die Königstraße ist eine der belebtesten Einkaufsstraßen in Deutschland. Doch in ein paar Jahren wird hier sich vieles ändern Mit dem Projekt Stuttgart 21 ist die vollständige Neugestaltung der Bahnhofgegend geplant (unterirdischer Bahnhof und vieles mehr).

18

Karte S. 90

Vom Feuersee zur Karlshöhe

START Feuersee, S-Bahnstation

km 2 km/ 45 min (erweiterbar)

⛰ 70 m

S schwer

🚩 Stadttour auf einen Aussichtspunkt mit Stuttgarter Spezialität

☞ Leicht

☀ Das ganze Jahr über begehbar, auch im Winter geeignet

🚗 B 14 Richtung Bad Cannstatt, Richtung Finanzbehörden/VHS abbiegen (Rotebühlplatz)

🚌 S-Bahn Haltestelle Feuersee

P Parkplatz Finanzamt, Rotebühlplatz

🍴 Gartenwirtschaft auf der Karlshöhe, Mai bis Oktober, 11–24 Uhr auf der Karlshöhe. Viele Restaurants rund um den Feuersee

---

Wohnen Sie in der Stadt, möchten Sie nicht mit dem Auto rumfahren um Sport zu treiben? Dann bietet sich diese Tour an. Sie startet mitten in der Stadt beginnt nahe zum Rotebühlplatz. Auch das Ende der Tour ist hier. Obwohl eine reine Stadttour hat sie doch ihre Reize, deckt sie doch eine der Stuttgarter Eigenarten ab. Ausgangs- und Endpunkt ist der Feuersee in Stuttgart-Süd. Auf der Halbinsel des Sees steht die Johanniskirche, ein markanter Startpunkt. Zunächst müssen wir auf die gegenüberliegende Strassenseite (Rotebühlstrasse), dann geht es ein Stück die Strasse in Richtung Rotebühlplatz runter, dann rechts ab in die Silberburgstrasse, überqueren der Reins-

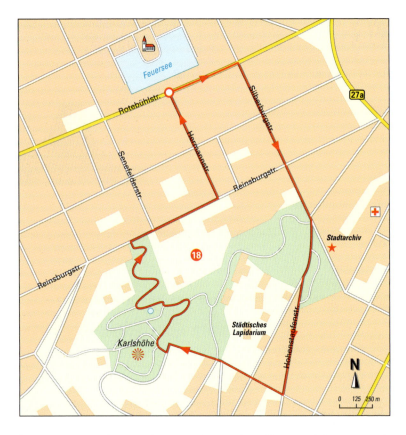

burgstrasse, vorbei an der Verwaltung der Allianzversicherung. Wir walken weiter vorbei an den Parkanlagen auf der rechten Seite in die Hohenstaufenstrasse. Hier beginnt nach wenigen Metern die Willy-Reichert Staffel – benannt nach dem schwäbischen Humoristen Willy Reichert (Staffel = Treppe, auch Stäffele in schwäbisch).

> **Info**
>
> **Stäffele** gehören zu Stuttgart wie die Kehrwoche. Denn in Stuttgart gibt es mehr als 400 Staffeln oder Treppen. Wer sie alle erklimmen will, muss rund 20 Kilometer Stufen bewältigen. Viele von ihnen stammen aus der Zeit, als Weinbauern die Hänge des Nesenbachtals. Noch bis zu Beginn des 19. Jahrhunderts reichten die Weinberge und Gartengrundstücke an den Stadtrand heran. Um die steilen Terrassen kultivieren zu können, mussten Treppen und Wege angelegt werden. Um die Mitte des 19. Jahrhunderts begann Stuttgart, immer weiter die Hänge hinauf zu wachsen. Ein Teil der Weinberge verschwand, Häuser und Straßen wurden gebaut. Die Staffeln hinaufzusteigen lohnt sich. Oben angekommen, bieten sich herrliche Ausblicke über die Stadt. Am bekanntes-

ten sind die Eugenstaffel, die Willy-Reichert-Staffel zur Karlshöhe, die Sängerstaffel, die Sünderstaffel, die Taubenstaffel und die Hasenberg-Staffel. Jedes Jahr erklimmen beim Stäffeles-Walk der regelmässig von der AOK im Rahmen ihres Gesundheitsprogramms veranstaltet wird, hunderte Teilnehmer gemeinsam die Stufen.

Die Treppen dienen an Aufstiegen oft dazu Verbindungen zwischen ansteigenden Straßen oder Wegen zu schaffen und damit Abkürzungen zu schaffen. Einen ordentlichen Buckel hat man vor sich wenn man an der Hohenstaufenstraße die Willy-Reichert-Staffel bis zur Karlshöhe hochsteigt. Doch wer hier mault braucht sich nur umzudrehen um seine Stimmung zu ändern. Von Absatz zu Absatz wechselt die Aussicht. Über die Mörikestraße führen die Stufen dicht am Traumgarten des Lapidariums vorbei, an dem die Säulen, Bögen und Wasserspeier des alten Stuttgarts herübergrüssen. Jenseits der Humboldtstraße fängt ein Weinberg an, von oben blickt man auf Häuser, Dächer und Straßenschluchten. Der Aufgang ist auch für den Nordic Walker eine willkommene Abwechselung, erfordert das Stufenwalken eine besondere Technik, beide Stöcke werden parallel geführt und man stösst sich gleichzeitig ab. Den Ausblick von der Karls-

Feuersee mit Johanniskirche

höhe sollte man einen Augenblick geniessen. Herunter geht es von der Karlshöhe wieder auf der gegenüberliegenden Seite über den John-Amery-Weg. Hier kann man gleichzeitig das Bergabgehen mit Stöcken üben. Weitere Staffeln um die Karlshöhe bieten sich zum Auf- und Abstieg an: Oscar-Heiler-Staffel, E.-Himmelheber-Staffel und Friedrich-E-Vogt-Staffel. Am Ende des John-Amery-Weges geht es rechts ab, am Allianzgebäude vorbei, dann nach links in die Herrmannstraße an deren Ende der gewaltige Turm der Johanniskirche erscheint.

> **Info**
>
> Von der **Karlshöhe** bietet sich ein prachtvoller Blick über den Talkessel. Auf der Aussichtsterrasse, die König Karl 1889 gestalten ließ, befindet sich eine Gartenwirtschaft. Bis heute sind einige der Hänge um die Karlshöhe mit Weinstöcken bepflanzt
>
> Rund um die Karlshöhe gibt es einiges zu entdecken: das **Lapidarium** z. B., in dem Teile zerstörter Stuttgarter Bauwerke untergebracht sind.
>
> Der Gänsepeterbrunnen markiert den Anfang der Hasenbergsteige, eine der besten Wohnlagen Stuttgarts mit sehenswerten Gründerzeitvillen. Hier findet man auch den Skulpturenpark mit Werken des Stuttgarter Künstlers Otto Hajek.
>
> Der **Feuersee** in Stuttgart ist ein Überbleibsel aus fernen Zeiten. Er wurde im 17. Jahrhundert als Wasserreservoir geplant und dann im 18. Jahrhundert angelegt. Bekannt über die Stadtgrenzen hinaus ist der See durch die Johanniskirche mit ihrem Kirchturm, der im 2. Weltkrieg beschädigt wurde. Die Fontäne im See wurde im 19. Jahrhundert eingebaut und galt als große Attraktion für viele Ausflügler in die Stuttgarter Innenstadt. Heute schwimmen darin Karpfen, Rotaugen, Hechte und Barsche, die alle 2 Jahre abgefischt werden und in den Angelgewässern in den Parkseen ausgesetzt werden
>
> Die neugotische **Johanneskirche** wurde 1865 bis 1876 unter der Leitung des württembergischen Architekten Christian von Leins erbaut. Das Bauwerk befindet sich auf einer Halbinsel im Löschteich Feuersee. Grundriß und Formenreichtum lehnen sich an die französische Hochgotik an.

19 — Karte S. 95

Im Kurpark des Mineralbades Cannstatt

START Parkplatz am den Kursaal

km 1,6 km/30 min.

25 m

S Leicht

Tour auf Kies-, Asphalt- und Waldwegen durch den Kurpark von Bad Cannstatt

Rundweg, außen um den Park

Das ganze Jahr über begehbar, besonders schön im Frühjahr

Richtung Bad Cannstatt, Schildern Kursaal folgen

S-Bahn Richtung Cannstatt U5/7 Haltestelle Kursaal

P Parkplatze um den Kursaal

Biergarten am Kursaal, Restaurant im Kursaal

Mitten in Bad Cannstatt (genauer Stuttgart-Bad Cannstatt) liegt der Kursaal mit dem Mineralbad. Oberhalb dieser Anlage liegt der Obere Kurpark. Zwar nur eine kurze Tour, doch zunächst muss der Anstieg in den Park bewältigt werden. Wir walken am Biergarten vorbei, doch das Bier muss erst verdient werden, bis zum Gedenkstein von Gottlieb-Daimler, der in Cannstatt beerdigt ist. Nach dem Gedenkstein geht es rechts ab, weiter bergan, aber es kann auch der kürzere Weg über Treppen gewählt werden. Oben angekommen, folgen wir einem Rundweg der den Park ganz aussen entlang führt. Vorbei an Blumenrabatten, einer Aussichtsplattform geht es auf den alleeartigen Wegen durch den Kurpark. Am hinteren Ende des Parks

Gottlieb-Daimler Denkmal im Kurpark

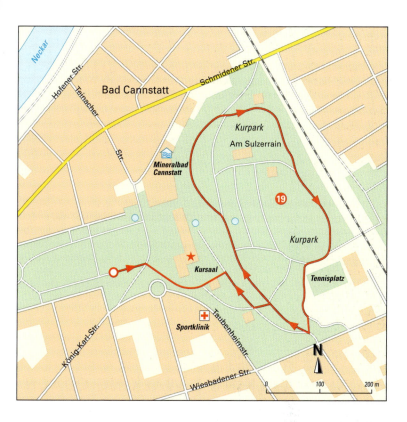

walkt man an Tennisanlagen vorbei. Der Park ist sehr wenig frequentiert, trotzdem kann man sich auch als weibliche Einzelperson sicher fühlen, da vom nahen Polizeirevier oft Streifengänge erfolgen. Weiter dem Rundweg folgend, gelangt man an mehreren älteren Gebäuden vorbei an die Gottlieb-Daimler Gedächtnisstätte. Man vermutet darin eher ein Gewächshaus, es ist jedoch die erste Werkstatt von Gottlieb Daimler. Vorbei am Glashaus geht es bergab in Richtung Kursaal, Auf den steileren Teilstücken kann man das spezielle Bergabgehen mit Stöcken üben. Noch Zeit, warum nicht noch zu einem erfrischenden Bier, auch alkoholfrei, im Biergarten einkehren. Trotz der kurzen Strecke haben wir es uns verdient.

 Kurpark: Der Charakter des Kurparks in Stuttgart - Bad Cannstatt wird noch immer von dem wunderschönen alten Baumbestand, der teilweise noch auf die Gründungsjahre, der ersten Hälfte des 19. Jahrhunderts, zurückgeht, geprägt.

Im angrenzenden Kurpark finden im Sommer Freiluftveranstaltungen und Jazzkonzerte statt. Am Rande des Kurparks befindet sich das am 27. August 1994 eingeweihte Mineralbad Cannstatt. Vor dem Kursaalgebäude aus dem Jahre 1841 befindet sich die Reiterstatue des württembergischen Königs Wilhelm I aus dem Jahr 1874. Im Kursaalhof kann man vom Heilwasser der Gottlieb - Daimler-Quelle und des Wilhelmsbrunnens trinken. Der Kursaal diente lange Zeit als Badeanstalt, in der Ende des 19. Jahrhunderts sogar Königinnen und Könige kurten.

Der 1837 von Nikolaus Thouret im Auftrag Wilhelm I. erbaute Saal wurde erweitert und verfügt heute über Tagungs- und Veranstaltungsräume, einen Brunnenhof und ein Restaurant mit Biergarten. Der eigentliche Saal wird nur noch für Veranstaltungen genutzt.

Gottlieb-Daimler-Gedächtnisstätte: Gottlieb Daimler ist bis heute einer der bedeutendsten Namen, welche die Stadt Stuttgart hervorgebracht hat. Im Gartenhaus seiner Villa in Bad Cannstatt befand sich seine Versuchswerkstatt, die zur Wiege des Automobils werden sollte. Die Resultate, die aus dieser Tüftlerwerkstatt kamen, können im Mercedes-Benz-Museum besucht werden. Die Gedächtnisstätte im Cannstatter Kurpark dokumentiert in idyllischer Umgebung Leben und Werk des Erfinders. Modelle der ersten Motoren und Gefährte, sowie ein Modell des Wölfertschen Luftschiffes können hier besichtigt werden.

Ausbildung mit Doppellizenz zum
NORDIC WALKING & WALKING COACH

Der internationale Nordic Walking Trainerverband NWCA bildet sportbegeisterte Menschen, Sport- und Fitnesstrainer, Skilehrer, Physiotherapeuten, Ernährungsberater, Vertreter orthopädischer Berufe, Heil- und Chiropraktiker als Trainer aus. Voraussetzung ist eine gute körperliche Verfassung. Das Alter ist zweitrangig!

Unser Erfolgsprinzip:
- Praxisbezogene Eintagesseminare!
- Tägliche Ausbildungsmöglichkeiten!
- Ausbildung in der Gruppe nur 229 Euro!
- Einzelausbildung nur 179 Euro!
- Zeitlich unbegrenzte Doppellizenz als NWCA Nordic Walking & Walking Coach
- Lizenz weltweit gültig
- keine C-, B-, A- oder nur Basic-Lizenz sondern Volllizenz!

Internet: www.nordic-walkers.de
Mobil: 01 73/5 70 09 32
Fon: 0 30/3 01 56 67
Email: info@nwca.de

20

Karte S. 98

Durch den Steigwald

START Sportanlagen Warmbronn/Leonberg

km 5 km/40–60 min

⛰ 40 m

S Leicht

☗ Naturstrecke, meist Kies und Waldwege, wenig Asphalt

☞ Leicht

☀ Das ganze Jahr über begehbar, am Schönsten im Herbst

🚗 Autobahnausfahrt Leoberg, Richtung Böblingen/Sindelfingen, dann Richtung Warmbronn abbiegen (bei Erddeponie, K-1008), Sportanlagen im Wald

P Parkplatz an den Sportanlagen SpVgg Warmbronn (Staigwaldhalle)

⊠ Sportheim der SpVgg Warmbronn

Warmbronn gehört zu Leonberg und liegt südwestlich von Stuttgart. Die Tour ist genau 5 km lang und ist die Walking und Nordic Walking Strecke des jährlich Anfang Mai stattfindenden Waldmeisterlaufes in Warmbronn. Somit hat man hier auf der Originalstrecke das ganze Jahr Gelegenheit zu üben. Die Strecke hat den Reiz eine reine Naturstrecke zu sein. Los geht es bei den Anlagen des Tennisvereins, zunächst leicht bergab, vorbei am Warmbronner See. Weiter zum Kinderspielplatz geht es rechts ab, am nächsten Abzweig wieder nach rechts. Hier ist der Wald recht niedrig bewachsen. Nach etwa 450 m kreuzt ein Weg, diesen Weg walken wir nach links ab, für 1 km bleiben wir auf diesem Weg, dann passieren wir eine Kreuzung und bie-

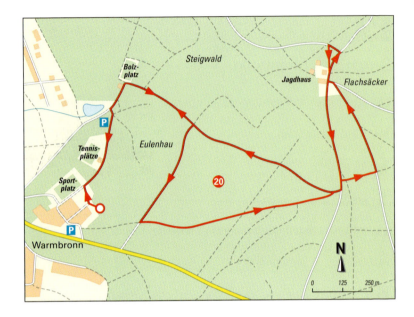

gen an der nächsten Kreuzung nach links ab. Der Weg ist hier für ein kurzes Stück asphaltiert. Am Ende dieses Weges treffen wir auf das wildromantische Jägerhaus, hier ist der Wendepunkt der Strecke, wir halten uns rechts und kommen nach 500 Metern wieder an eine Kreuzung, die wir nach rechts abbiegen. Ab jetzt geht es mit leichtem Gefälle Richtung Heimat, vorbei am Spielplatz, wo wir wieder nach links abbiegen, am Warmbronner See und dann mit leichten Schlussanstieg zu den Tennisanlagen. Beim Volkswalk ist das Ziel im Stadion des Sportvereins, wo es die dann auch die wohlverdiente Verpflegung gibt. Sonst bieten die Sportheime abwechselungsreiche Verpflegung

Beschreibung der Walking Veranstaltung: Wir bieten Walking und Nordic-Walking im Rahmen des Waldmeisterlaufes an. Die Strecke ist 5,0 km lang und entspricht der Strecke des Henry-Schweizer-Laufes. Eine reine Naturstrecke, daher besonders reizvoll für Walker. Start am Tennisheim, dann leicht abfallend, anschließend relativ eben, um nach einem kurzen Anstieg zum Jägerhaus zu gelangen. Dann geht es wieder in Richtung Warmbronner See, von wo es nur noch ein kurzes Stück zum Ziel ist. Es erfolgt eine Zeitmessung, jedoch keine Ranglisten.

21

Durch den Feuerbacher Wald

START Parkplatz „Am Triebweg"

km 6,5 km/80 min.

75 m

S Leicht

Naturtour auf Splitt-, Asphalt- und Waldwegen,

Leicht, im Park den Hauptwegen entlang

Das ganze Jahr über begehbar, auch im Winter geeignet

Von Stuttgart in Richtung Feuerbach

U-Bahnhaltestelle Sportpark am Triebweg

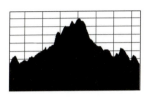

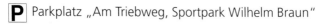 Parkplatz „Am Triebweg, Sportpark Wilhelm Braun"

 Im Start und Zielbereich verschiedene Vereinslokale

---

Ausgangs- und Endpunkt dieser Tour ist das Sportgelände am Triebweg in Feuerbach. Zunächst walken wir auf dem Fussweg in Richtung Wald, die Schranke ist kein Hindernis für uns, hier beginnt der Waldsportpfad mit Dehnstationen. Dies Gebiet ist auch die Lauf- und Walkinggelände der Feuerbacher Vereine (TFF und Spielvereinigung) Der leicht gekieste etwa 3 m breite Weg steigt leicht an, nach etwa einem Kilometer kommt die erste Dehnstation. Kurz danach kommt wieder eine Schranke, wir passieren dann die Jugendfarm des Feuerbacher Ortsteiles Wolfbusch. Die nächste Kreuzung geht es nach links, der Bodenbelag wechselt nun zu Asphalt, der Weg führt uns ins Lindental, wo es belebter wird. Radfahrer, Spaziergänger mit Hunden und Jogger beleben die Strecke. Am Friedhof vorbei erreichen wir am Ende der Asphaltstrecke nach einer Schranke den Hasenbrunnen, hier gabelt sich der Weg. Wir walken nach rechts auf den Sperberklingenweg, der kontinuierlich ansteigt bis zur nächsten grösseren Wegegabelung, wo wir rechts abbiegen in Richtung Feuerbach. Nach etwa 400 m erreichen wir das obere Ende des Friedhofs. Bis zum unteren Ende des Friedhofs geht es leicht bergab, am unteren Ende walken wir rechts ab, bis wir wieder im Lindental ankommen. Den Weg geht es weiter bis in den Wald gerade aus, wo wir dann auf die Diebachallee stossen und diese nach links abbiegen, nach etwa 600 m treffen wir wieder auf den Feuerbacher Triebweg, der uns zum Ausgangspunkt zurückführt.

Info Die Tour wird auch von dem grössten Stuttgarter Lauf- und Walkingtreff, dem TF Feuerbach benutzt. Hier treffen sich zu jedem Trainingstermin etwa 100 Läufer, Walker und Nordic Walker. Es werden verschieden lange Strecken unter fachkundiger Anleitung angeboten. Kontakt 07 11/6 87 16 23

22
Karte S. 103

Walken im Höhenpark Killesberg

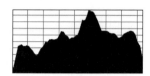

START Ausgangspunkt ist die Parkspur hinter der Messe in Richtung Cannstadt.

km 2,6 km/ 40 min, Verlängerungen möglich

🏔 35 m

S Leicht

Interessante abwechselungsreiche Tour auf Split-, Asphalt und Feldwegen,

☞ Leicht, an Orientierungsschilder ausrichten

☀ Das ganze Jahr über begehbar, im Frühjahr und Sommer am Interessantesten

🚗 Aus der Innenstadt über die Heilbronnerstrasse oder die Pragstrasse (B 10) in Richtung Messezentrum.
Von der Autobahn in Richtung Messe, dann Richtung Cannstatt, auch öffentliche Verkehrsmittel können benutzt werden

🚊 S-Bahn Killesberg, vom Bahnhof aus U7

P Parkplatz an der Stresemannstrasse entlang oder Parkplätze der Messe Stuttgart

🍴 Biergarten am Eingang des Killesbergs, täglich ab 12.00 Uhr geöffnet, Tel: 07 11/25 18 48; Schwäbische Weinstube im hinteren Teil des Parks

Killesbergturm

Der Anfangspunkt zur Walkstrecke ist bei der ersten Fussgängerbrücke (Cardiffer-Steg) über die Stresemannstraße nach dem Messekomplex auf den Killesberg. Gleich nach der Brücke liegt auf der rechten Seite ein Biergarten. Wir biegen rechts ab und befinden uns im Höhenpark Killesberg. Die Anlagen bieten je nach Jahreszeit ein total unterschiedliches Bild, doch jede Jahreszeit hat hier ihre Reize.

Bevor wir in den Park walken, machen wir einen Abstecher zum Killesbergturm. Geradeaus über die Frühling- und Sommerblumenwiese gelangen wir dort hin. Der Turm wurde 2001 gebaut und überragt das gesamte Gelände. Der Aufstieg ist nicht sonderlich beschwerlich (175 Stufen), die Aussicht von der 31 m hohen obersten Plattform lohnt sich und gewährt einen tollen Rundblick. Unterhalb des Turmes befindet sich das Höhencafe´, in unmittelbarer Nähe ein Grillplatz und der Flamingo See. Auf dem weiteren Weg durch den Park in Richtung der Staudenseen kann uns bei ein wenig Glück die Kleinbahn beggnen, aber da wir ja mit unseren Stöcken gut zu Fuss sind, geht es auch zu Fuss weiter. Es gibt mehrere Wege die wir benutzen können, wir wählen die schmalen, auch weniger belebt sind. Wir walken an den Staudenterassen mit den eingebetteten künstlichen Seen vorbei, weiter an grossen Tierwiesenflächen, wo Ziegen und andere Kleintiere grasen, vorbei. Am Ende des Weges walken wir an einer Pergola vorbei, der Weg endet dann. Es geht nach links rauf, leicht ansteigend, vorbei an der Schwäbischen Weinstube, sie lädt zur Einkehr ein, (vielleicht kommen wir am Ende der Runde für ein Glas Wein hier noch mal vorbei). Vorbei am Stadtgarten Killesberg, der zum Gartenamt der Stadt gehört, erreichen wir das Höhenfreibad Killesberg. Vorbei an den Hinweisschildern zur Milchbar, das Freibad umrundend erreichen wir die Höhe oberhalb des Tals der Rosen, die Gegend sieht wie Canyon aus (rekultivierter Steinbruch). Es geht über Stufen hinab ins Tal. Weiter walken wir in Richtung Messegebäude und Fontänensee, dahinter im Messegebäude befindet sich das Parkrestaurant. Um den See herum walken wir wieder in Richtung Eingang. Dabei passieren wir noch den Bahnhof der Kleinbahn und eine Freilichtbühne, wo in der warmen Jahreszeit viele Konzerte stattfinden, von hier geht es dann wieder zum Eingang zurück.

Es sind Abkürzungen durch Querwege möglich, aber auch zusätzliche Schlenker. Die Wege lassen sich zu beliebigen Schleifen zusammenhängen. Durch das eingegrenzte Areal ist ein Verlaufen nicht möglich. Die Strecke ist abwechselungsreich und durch die vielen Blumenanlagen, den alten Baumbestand und den weiten Wiesenflächen sehr reizvoll. Vom Killesbergpark kann man vollkommen verkehrsfrei über das Löwentor in den Rosensteinpark gelangen und von dort in den Schlosspark und kann dadurch auf eine Walkstrecke von fast 20 km kommen. Dies ist jedoch nur erfahrenen Nordic Walkern zu empfehlen.

Gegenüber des Killesberges in Richtung Stadt befinden sich weitere Grünanlagen die es sich lohnen zum durchwalken. Besonders zu empfehlen ist hier das walken durch die Weissenhofsiedlung.

Info

Der „**Killesberg**", wie der Höhenpark gemeinhin kurz und bündig genannt wird, ist eine Oase der Ruhe inmitten der Stadt Das 50 Hektar große, abwechslungsreich gestaltete Gelände ist das ganze Jahr über ein Anziehungspunkt für große und kleine Besucher. Vor allem in den Sommermonaten wird der Killesberg zu einem Erlebnispark mit Kinderspielplätzen, Cafés, Tierwiese und Höhenfreibad. Mit einer Schmalspureisenbahn lässt sich der Park herrlich erkunden Der Park wurde 1939 zur Reichsgartenschau fertig gestellt und gilt noch heute als einziges, großes und gut erhaltenes Beispiel für die Gartenbaukunst der 30er Jahre. Im Eingangsbereich erinnert heute ein Gedenkstein daran, dass von 1939 bis 1945 das Gelände Sammlungsort der württembergischen Juden für die Transporte in die Konzentrationslager war. Der Killesberg ist ein wichtiger Bestandteil des „Grünen U", des Grünverbunds, der seit der Internationalen Gartenbauausstellung (IGA) 1993 verschiedene Parks und Grünzüge der Stadt zusammenfügt. Kleinbahn, Kinderspielplatz, Tierwiese oder das Kindertheater „Theater in der Badewanne", die Freilichtbühne und das Höhenfreibad machen den Park für Groß und Klein das ganze Jahr über zu einem Erlebnis. Vor allem aber ist der Killesberg ein Eldorado für Blumen- und Gartenfreunde; Pflanzenspezialisten wie Laien kommen auf ihre Kosten. Bis zum heutigen Tag hat der Killesberg mit dem Messegelände der Stadt seine Anziehungskraft nicht verloren.

Killesbergturm: Ein faszinierender Weitblick über die Stadt breitet sich aus, ein beeindruckendes Panorama zeichnet die Silhouette Stuttgarts nach und empfängt die Besucher auf der Aussichtsplattform. Zwei gegeneinander versetzte Treppenläufe winden sich spiralförmig nach oben und verbinden die vier Ebenen des Turmes. Ein filigranes Seilnetz umspannt beim neuen Aussichtsturm auf den Killesberg einen senkrecht aufragenden Pylon. Die in 8, 16, 24 und 31 Metern Höhe eingehängten kreisrunden Aussichtsbühnen, deren Durchmesser sich nach oben verjüngt, lassen aus dem Turmbau eine begehbare Raumskulptur werden. Form und Funktion stehen dabei in engem Dialog. An der höchsten Stelle des Killesberg-Parks, wo bereits 1950 zur Deutschen Gartenschau ein Turmbau gestanden hatte, lädt Jörg Schlaich zu einem neuen Rundum-Blick auf Stuttgart und auf die angrenzenden Landschaftszüge. Und ganz im Sinne seines Erbauers ist der Aussichtsturm weit mehr als ein simpler Zweckbau: In feiner Symbiose mit der ihn umgebenden Landschaft setzt der 40 Meter hohe Turmbau ein deutliches Zeichen, wird er zum neuen Markierungspunkt für d i e Stadt. Erst von diesem Hochpunkt aus kann die komplexe und bisweilen unübersichtliche Figur des Grünen U, die als Aufstieg vom Schlossplatz zum Killesberg mehrere Parklandschaften miteinander in Beziehung setzt, zum ersten Mal richtig wahrgenommen werden. (Quelle www.killesbergturm.de)

Die **Weissenhofsiedlung** war Bestandteil der Ausstellung „Die Wohnung", die 1927 vom Deutschen Werkbund initiiert und mit Hilfe der Stadt Stuttgart realisiert wurde. Die Stadt stelllte hierfür ein Areal auf dem Stuttgarter Killesberg - genannt Weissenhof - zur Verfügung. 17 mittlerweile weltbekannte Architekten wie z.B. Ludwig Mies van der Rohe und Le Corbusier planten hier eine Siedlung mit 21 Häusern. 60 Wohnungen wurden hierbei für kleine und mittlere Angestellte und den gehobenen Mittelstand im Zuge eines Wohnungsbauprogramms der Stadt Stuttgart in Form der Weissenhofsiedlung realisiert.
Die Weissenhofsiedlung war hierbei ein Experiment des sogenannten Neuen Bauens, bei dem die zumeist jungen und fortschrittlichen Architekten neue Baustoffe und -materialien und neue Baumethoden ausprobierten - alles unter der Maxime der Rationalisierung und der Typisierung. Hierbei sollte auch eine Verbilligung und zeitliche Verkürzung des Hausbaus erreicht werden, die in den gewünschten Ausmaßen freilich noch nicht erreicht wurden.
Heraus kam eine international bekannte und beachtete Siedlung der Moderne, die die unterschiedlichsten Architekten in gemeinsamer Arbeit entwarfen und die seit 1956 unter Denkmalschutz steht. Dem Ausstellungsleiter Mies van der Rohe gelang es, trotz der vielen unterschiedlichen beteiligten Architekten eine beachtliche Gesamtharmonie der Siedlung zu erzielen. Leider wurden 10 der 21 Häuser während des Zweiten Weltkriegs zerstört, sodass heute nur noch 11 davon auf dem Weissenhof vorhanden sind.

23

Durch die Weinberge von Eltingen

START Parkplatz am Freibad Leonberg-Eltingen Leobad

km 9 km/2 Stunden

▲ 125 m

S Mittelschwer

Durch die Wälder und Weinberge bei Eltingen, Split und Waldwege, wenig Asphalt

☞ Leicht, im Park den Hauptwegen entlang

☀ Das ganze Jahr über begehbar, auch im Winter geeignet

Blick auf die Weinberge von Eltingen

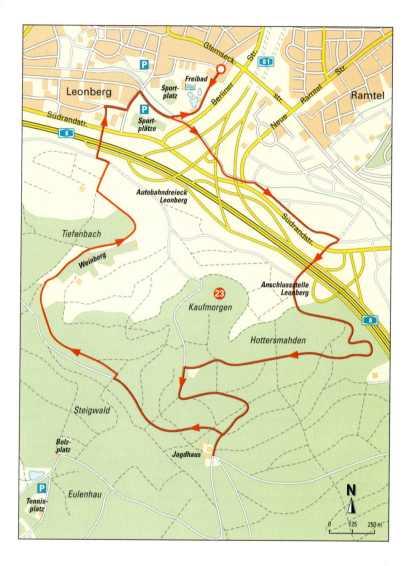

🚗 Autobahn A8 Ausfahrt Leonberg, Richtung Leonberg, dann Richtung Eltingen, Tennisplatz, Leobad

🅿 Parkplatz Freibad, Tennisverein

 Vereinsheim Tennisverein; Kiosk am Startpunkt

Bis in die Stadt hinein gibt es Weinberge in Stuttgart, deshalb soll auch eine Tour zu diesen Weinbergen gehen. Die Weinberge liegen südwestlich von Stuttgart, kombinieren schöne schattenspendenden Wald und Weinberge. Startpunkt ist das Freibad des Leonberger Vorortes Eltingen. Hier gibt es auch genügend Parkplätze, auch der Tennisverein mit seinen Anlagen liegt direkt am Ausgangspunkt. Vom Schwimmbad geht es über eine kleine Holzbrücke, wir überqueren die Glems, die uns noch ein Stück begleiten wird. Zwischen Glems, Autobahn und -zubringer walken wir zunächst auf Asphaltwegen. Nach etwa 1,8 km walken wir unter der Autobahn hindurch, danach geht es rechts, nach 150 Metern nach links in eine Feldweg. Haben wir den Wald erreicht, jetzt geht es ständig bergauf. Hauptsächlich Buchen säumen den Weg. Wir bleiben auf dem Hauptweg bis ein asphaltierter Weg kreuzt, jetzt sind auch die Geräusche der Autobahn nicht mehr zu hören. Rechts geht es weiter, immer noch geht es leicht bergauf. An einer Straßengabelung stoßen wir auf das Jägerhaus, ein romantisch aussehendes Forsthaus. Hier ist auch fast der höchste Punkt erreicht (475 Meter). Unsere Route führt uns nach rechts weiter, zunächst auf einem breiteren Weg, nach 800 Metern wir der Weg schmaler den wir weiter walken. Unterhalb eines Funkturms kommen wir aus dem Wald und betreten den Weinberg. Zwischen Wald und Weinberg walken wir wieder ins Tal, dabei müssen wir unseren Walkstil auf das Bergablaufen umstellen. Am Ende der Steigung aus dem Wald kommend, walken wir durch Baumwiesen weiter. Um zum Ausgangspunkt zurückzukommen müssen wir wieder die Autobahn überqueren. über eine kleine Brücke kommen wir zunächst in ein kleines Industriegebiet, vor der Glems biegen wir nach rechts in Richtung Freibad ab. Damit sind wir wieder am Ausgangspunkt. Um eine Flasche des in diesem Gebiet angebauten Weines zu bekommen, muss man schon einen der Weinbauern gut kennen, denn zu kaufen bekommt man den Wein nicht.

Info

Aus der Geschichte von Eltingen: 5. bis 7. Jahrhundert Alemanen siedeln in Eltingen. 1850 Es gibt nun 414 Gebäude, davon sind 231 Haupt- und Wohngebäude. Erwerbszweig neben der Landwirtschaft ist hauptsächlich die Gipsgewinnung (3 Steinbrüche und 14 Gipsmühlen). 1938 Am 1. Oktober wird Eltingen nach Leonberg eingegliedert, seit 1924 war die Eingliederung immer wieder verhandelt worden.

24

Karte S. 110

Von den Mineralbädern zum Max-Eyth-See

START Parkplatz „Mineralbäder Leuze/Berg", S-Bahnstation

km 14 km/3 Stunden

Nicht nennenswert

S mittel

Interessante Tour meist auf Asphaltwegen, am Neckar entlang

Leicht, am Neckar entlang

Das ganze Jahr über begehbar, auch im Winter geeignet

B14 Richtung Bad Cannstatt, beim SWR nach rechts abbiegen, dann Wegweisern Richtung Mineralbäder folgen

S-Bahn Richtung Plochingen (S1), Haltestelle Mineralbäder

P Parkplatz „Mineralbad Berg" (in der Nähe des SWR)" in der Ludwig-Dill-Straße

Vereinsheime an der Strecke: Tennisverein, Ruderclub, Biergarten am Max-Eyth See

---

Ausgangs- und Endpunkt dieser Tour ist der Parkplatz oder auch die S-Bahnhaltestelle des Mineralbades Berg. Unmittelbar neben dem Mineralbad Berg befindet sich das Mineralbad Leuze, beide Bäder mit schönen Liegewiesen.

Vom Parkplatz aus geht es über die Königs-Karls Brücke in Richtung Cannstatt, direkt nach der Brücke geht es unter der Brücke am Neckar entlang. Vorbei an der Holzbrücke kommt man an die Kreuzung der Rosensteinbrücke, hier überquert man die Strasse natürlich über die ampelgesteuerten Übergänge, es geht dann weiter am Neckar entlang weiter. An der Wilhelmsbrücke müssen wir nochmals eine stark befahrene Strasse überqueren, danach wird es ruhiger, nur Jogger, Spaziergänger und Inliner treffen wir hier an. Vorbei am Mühlsteg und dem Stadtbad von Bad Cannstatt kommen wir zum Voltasteg, der zum Kraftwerk der EnBW auf der gegenüberliegenden Neckarseite führt, wir bleiben jedoch auf der gleichen Neckarseite. Kurz danach taucht das mächtige Eisenbahnviadukt (Neckarviadukt) auf, das wir unterqueren. Als nächstes passieren wir die Reinhard-Maier-Brücke, die zu dem auf der anderen Seite des Neckars liegenden Ort Münster führt, danach macht der Neckarweg eine Abbiegung nach rechts und führt auf die Hofener Strasse, in die wir nach links einbiegen. Etwa 1,4 km walken wir hier entlang, rechts von uns am Hang die Weinberge. Dieses Stück ist auch

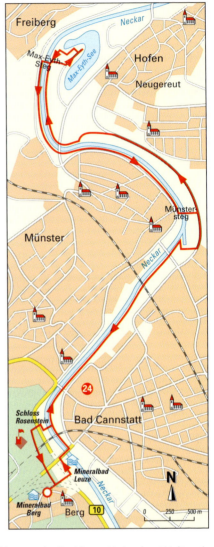

sporthistorisch, so sieht man hier noch die blaue Linie des Weltmeisterschaftsmarathons von 1993. Am Ende dieser Strecke liegen Tennisplätze, sowie das Bootshaus des Cannstätter Rudervereins.

Leicht nach links abbiegend walken wir jetzt wieder in Sichtweite des Neckars, hier und da auf einen Angler treffend. Nach dem Passieren der Aubrücke, sind wir in der Parkanlage des Max-Eyth-Sees. Grosse Liegewiesen sind besonders in den warmen Jahreszeiten stark besucht. Der Max-Eyth-Steg, eine moderne grazile Hängebrücke führt zur anderen Neckarseite, doch es lohnt sich einen Blick auf den Max-Eyth-See zu werfen, schliesslich ist der See mit 17 Hektar der grösste See Stuttgarts, in den Anlagen finden sich mehrer Gaststätten und Grillplätze, der See liegt rechts vom Steg, noch etwa 200 m zu walken. Wollen wir den See umwalken, so sind dies zusätzliche zweieinhalb Kilometer. Doch noch liegt der gesamte Rückweg vor uns und das sind noch mal 7 km, wir wählen für den ersten Teil aber die andere Seite des Neckars: dazu überqueren wir den Fluss über den Max-Eyth-Steg. Auch hier geht es unterhalb der Weinhänge (Austraße) entlang, dann unterqueren wir nach etwa einem Kilometer wieder die Aubrücke, weiter geht's auf dem Neckardamm bis zum Münstersteg, den wir zur Neckarüberquerung benutzen, entweder können wir zum Aufstieg zur Brücke die Treppen benutzen oder auch die Rampe für die Radfahrer. Nach dem Steg geht es rechts wieder in Richtung Bad Cannstatt. Vorbei an der Reinhold-Meier-Brücke, Neckarviadukt, Voltasteg, Mühlsteg, Wilhelmsbrücke, und Rosensteinbrücke. Kurz vor dem Ziel müssen wir den Neckar noch mal überqueren, dieses Mal benutzen wir aber den überdachten

Max-Eyth-Steg

Holzsteg, weiter geht es über den Wilhelmasteg in Richtung Rosensteinpark, dabei überqueren wir die vielbefahrene Neckartalstrasse. Nach einem leichten Anstieg zum Schloss Rosenstein geht es gleich wieder bergab über den Rosensteinsteg zum Mineralbad Leuze und dem Nachbarn Mineralbad Berg. Wir haben eine lange, aber abwechselungsreiche Strecke hinter uns gebracht. Vielleicht gibt uns ein abschliessendes Bad die verlorenen Kräfte wieder und fördert die Regeneration.

Für Nordic-Walker die grössere Pläne haben, z. B. walken eines Halbmarathons oder Marathons ist die Strecke als Trainingstrecke sehr gut geeignet. Sie ist sehr flach aber auch abwechselungsreich. Möchte man die Strecke verlängern so gibt es die Variante die Schlossgartentour oder die Rosensteintour anzuhängen. Auch ist es möglich die Strecke zweimal zu walken, wobei man die Neckarseiten abwechselnd benutzen könnte.

Info
Der Max-Eyth-See entstand aus einer Kiesgrube in Hofen, die in den zwanziger Jahren angelegt wurde und sich immer weiter ausdehnte. Der zirka 600 Meter lange See wurde nach dem Ingenieur und Schriftsteller Max Eyth (1836–1906) benannt. 1961 wurde das Gelände unter Landschaftsschutz gestellt. Großzügig angelegte Rasenflächen mit Bäumen rund um den See bieten viel Platz zum Spielen und Grillen. Die Uferlandschaft des Sees ist Lebensraum für seltene Tiere und Pflanzen. Im nordwestlichen Teil gibt es eine Vogelschutzinsel mit Haubentauchern, Graugänsen, Schwänen, Teich- und Blesshühnern, Kormoranen und Graureihern. Wer den See erkunden will, kann Tretboote, Ruderboote oder Boote mit Elektromotor mieten. Das Baden im See ist jedoch nicht gestattet.

25

Karte S. 114

Durch den Kräherwald

 Parkplatz MTV Sportgelände Kräherwald, Einstieg ist auch an der Stadtbahnhaltestelle Botnang Beethovenstr. U4, U9 möglich

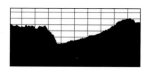

 8 km/90 min.

 100m

 Mittel

 Abwechselungsreiche Strecke, auf Splitt-, Asphalt und Waldwegen

 Leicht, es werden immer die am weitest aussen liegenden Wege benutzt

 Das ganze Jahr über begehbar, auch im Winter geeignet

 Stadtauswärts: Richtung Killesberg/Messe, weiter zum Kräherwald, bis Sportgelände MTV; stadteinwärts: Richtung Stadion, Messe, Straße heisst dann „Am Kräherwald"

 Haltestelle Botnang: U4, U9 (im Tal); Bushaltestelle Doggenburg, Nikolauspflege, MTV

Gaststätte des MTV ganzjährig geöffnet, Tel. 07 11/63 44 29
Wirtshaus im Tal, montags Ruhetag, Tel. 07 11/8 20 88 04

Das Freizeitgebiet Kräherwald liegt im Nordwesten Stuttgarts in unmittelbarer Nähe des Messegeländes und des Höhenparks Killesberg. Die Nordic Walking Strecke beginnt an der Sportanlage des MTV Stuttgarts. Hier beginnt auch ein Waldsportpfad. Wir starten aber in der anderen Richtung, hier ist es ruhiger. Der Waldsportpfad selbst

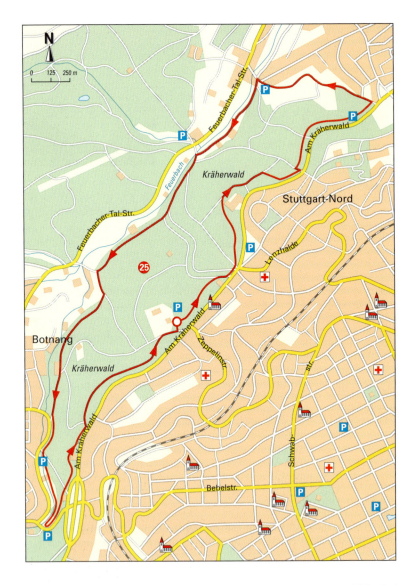

bietet mehrere verschieden lange Strecken an von ein, zwei bis drei Kilometer, dies ist uns jedoch etwas zu kurz, Als Alternative kann man das ja an die hier vorgeschlagene Tour anhängen, zudem werden auf den kurzen Strecken Stretching Stationen für Dehnungs- und Aufwärmübungen angeboten. Parallel zur Straße geht es den

Hofackerweg entlang, vorbei an der Haltestelle Doggenburg (hier gibt es eine Tennisanlage und die Walldorfschule) hier führt eine Schlittenbahn im Park direkt ins Tal. Wir walken aber weiter zum Teil auf weichen Waldwegen zum Reithof, der Heimat des Stuttgarter Reit- und Fahrvereins, auch mit der Möglichkeit des Einkehrens. Auch kann man hier dem Trainingsbetrieb der Reiter zusehen. Wir folgen dem Weg bis zum Ende, wo von einem Parkplatz aus die Möglichkeit eines alternativen Einstieges besteht. Auf der gegenüberliegenden Strassenseite liegt die Feuerbacher Heide, einst ein Militärschiessplatz und der Bismarckturm (410 m). Nach dem Parkplatz geht es ins Tal hinunter (Feuerbacher Tal). Am unteren Ende im Tal stossen wir auf eine Sportanlage, hier geht es links ab auf einem Asphalt, vorbei kommen wir auch am „Wirtshaus im Tal", Gelegenheit für eine kurze Rast. Weiter entlang dem Feuerbach und Vereinsanlagen und Spielplätzen. Der Weg führt dann am unteren Waldrand entlang und wird dann zum Lina-Hähnle-Weg (Teil des Botnanger Wanderweges „Kuckucksweg – 10,5 km lang"). Man erkennt dann den Ortsrand von Botnang. Weiter walken wir vorbei an dem rechts liegenden Waldheim, Schützenhaus, Tierheim und Tennisplätzen. Am Ende geht es dann mächtig nach rechts den Berg rauf (Höhendifferenz

Blick über das Feuerbacher Tal

25 m). Vorbei am Wasserwerk (Pumpstation) stossen wir oben auf die Strasse am Kräherwald, wir biegen nach links ab und walken auf dem Wegen (Hofackerweg) parallel zur Strasse wieder zum Ausgangspunkt zurück. Man kann sich kaum verlaufen, es gibt viele Querwege, es sind immer Leute unterwegs, also auch für Frauen kein Sicherheitsrisiko. Es ist angenehm im Stadtbereich leicht erreichbar eine Naturwalkstrecke zu haben.

> **Info**
>
> Für den Namen **Kräherwald** gibt es zwei Deutungen. Entweder der Name weist auf einen Wald hin, in dem Krähen nisteten oder er geht zurück auf auf „Krähen" (Reisigbüschel). Hauptsächlich besteht das Waldgebiet auch heute noch aus Eichen.
>
> Die **Waldsportpfade** wurden unter Berücksichtigung sportmedizinischer und trainingswissenschaftlicher Erkenntnisse geplant. Neben Laufstrecken verschiedener Streckenlängen sind eine Stretchingstation und verschiedene Kräftigungsstationen integriert. Aufbau der Stuttgarter Waldsportpfade: Aufwärmrunde (ca. 1 bis 1,5 km) flacher Rundkurs (Vorbereitung auf die nachfolgende Ausdauerbelastung, Vorbeugung von Verletzungen, Verbesserung der organischen, koordinativen, psychischen Leistungsbereitschaft)
>
> Stretchingstation (Dehnung der „großen Muskelgruppen", Beine, Oberkörper; Vorbereitung auf die nachfolgende Ausdauerbelastung, Vorbeugung von Verletzungen, Verbesserung der organischen, koordinativen, psychischen Leistungsbereitschaft); Vermeidung von starken Anstiegen und Gefällstrecken, Kräftigungsstationen, funktionelle Übungen Armmuskulatur, funktionelle Übungen Bauch-/Rückenmuskulatur

Durch den Naturpark Schönbuch

 Parkplatz Golfplatz Schaichhof, Weil im Schönbuch

 16,5 km/etwa 3 Stunden

 130 m

 Schwer

 Naturtour auf Splitt- und Waldwegen

 Zweiter Teil der Strecke gut beschildert

 Das ganze Jahr über begehbar, auch im Winter geeignet

 A 81 Richtung Singen, Ausfahrt Böblingen, auf B 463 Richtung Tübingen, Ausfahrt Schaichhof

P Parkplatz Golfplatz Schaichhof

 Golfrestaurant Schaichhof, Tel.: 0 71 57/6 62 93

Golf ist nicht unsere Sportart, trotzdem starten wir an der Golfanlage Schaichhof. Die Anlage liegt etwa 20 km vor Stuttgart, verkehrsmässig gut zu erreichen, am Rande des Naturparks Schönbuch und nicht weit weg von Tübingen.

Zunächst geht es zwischen den Golfanlagen (9 Loch und 18 Loch) in Richtung Wald nach etwa 3 km stossen wir auf ein Gatter, rechts ab geht der Eselsrittweg nach Hildrizhausen, Startort des bekannten 25 km Schönbuchlaufes, leider noch nicht für Walker und Nordic Walker. Nach passieren des Gatters, geht es leicht bergauf zur Schinderbuche (580 m), vorbei am Falkenkopf schlängelt sich der Weg hinab ins Goldersbachtal. Im Tal geht es dann scharf links ab, entlang dem

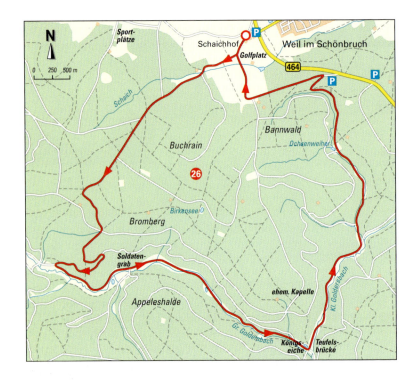

Goldersbach. Die Wege sind breit und geschottert. Nach kurzer Strecke muss man ein Gatter öffnen um weiterzukommen. Hin und wieder sieht man besonders an feuchten Stellen aufgewühlte Wiesen und Waldstücke. Hier haben dann Wildschweine gerastet und gewühlt, aber sie sind mir bei meinen Wanderungen und Walks in diesem Gebiet selbst noch nicht zu Gesicht gekommen. Weiter vorbei geht es an einem weiteren markanten Punkt, dem Soldatengrab. Hier ist ein 19 jähriger Soldat begraben der in den letzten Kriegstagen noch getötet wurde. Die Strecke selbst wechselt zwischen schattigen Waldstücken und weiten sonnigen Wiesenflächen. Etwa nach der Hälfte der Strecke erreicht man den Teufelssee mit der Teufelsbrücke. Hier teilt sich der Weg in Richtung Kloster Bebenhausen (bei Tübingen, Weltkulturerbe) und in Richtung Schaichhof, Wir walken rechts ab in Richtung Schaichhof. Vorbei geht es an einer mächtigen Eiche, der Königseiche, danach steigt der Weg ständig an. Entlang dem kleinen Golderbach, dem Ochsenbach, vorbei am Ochsenweiher (Kälbertränke) kommt man zu einem etwa 1 km langen anstrengenden Anstieg. Hat man am Ende das Wildgatter erreicht haben wir es fast geschafft, links geht es jetzt auf das etwa 1 km lange asphaltierte Franzensträßchen. Der letzte Anstieg folgt, doch der Golfplatz ist jetzt erreicht, jetzt ist das Ziel greifbar nahe. Man sollte sich die Zeit nehmen im Golfrestaurant noch einige Kleinigkeit zu Essen und trinken.

> **Info**
>
> Mitten im dicht besiedelten und hoch industrialisierten Neckarland liegt das große und naturnahe Waldgebiet des **Schönbuchs**. Es ist als Ausflugsziel für die erholungssuchende Bevölkerung, als Heimat von zahlreichen Tier- und Pflanzenarten, als Luftfilter und Sauerstofflieferant unersetzlich und produziert daneben auch noch den umweltfreundlichen nachwachsenden Rohstoff Holz. Als Ende der 60er Jahre geplant war, den Großflughafen für Stuttgart mitten im Schönbuch zu bauen, konnte dies der Widerstand weiter Bevölkerungskreise und offizieller Stellen verhindern. Dies gab Anlass, dass 1972 die ausgedehnten Waldungen zwischen Böblingen, Sindelfingen, Herrenberg und Tübingen zum Naturpark erklärt wurden.

Am Teufelssee

27 *Karte S. 122*

Zur Villa Reitzenstein

START Schlossplatz Neues Schloss

km 5 km/1,5 Stunden

▲ 100 m

S Schwer

Entdeckungstour in Stuttgart, Tour auf Asphalt, viele kurze Anstiege und Stufen (Stäffeles)

Mittel

Das ganze Jahr über begehbar, auch im Winter geeignet

Hauptbahnhof, Zentrum

Bis Hauptbahnhof oder S-Bahn Schlossplatz, U5, U6, U7, U15

P Parkhäuser rund um Bahnhof und Schlossplatz

Cafe' Künstlerbund am Schlossplatz Tel. 07 11/2 27 00 36; Eiscafe am Eugenplatz; Restaurant Ilysia, Gänseheide, Tel. 07 11/23 31 21, Samstag nachmittags geschlossen

---

Diese Tour führt in einen bergigen Teil Stuttgarts mit vielen kleinen und grossen Sehenswürdigkeiten. Immer wieder gibt es faszinierende Blicke auf Stuttgarts Talkessel und die umliegenden Höhenzüge. Die Tour ist als schwer eingestuft, weil es zahlreiche Anstiege und Stufen auf- und abwärts zu bewältigen gilt. Unsere Nordic Walking Tour beginnt am Schlossplatz, der vom Neuen Schloss, Altem Schloss, Königsbau und seit diesem Jahr vom modernen Kunstmuseum eingegrenzt wird. Wir walken zwischen dem Neuen

Schloss und dem Kunstgebäude hindurch in den Oberen Schlossgarten, vorbei am „Großen Haus" und dem modernen Landtag. Wir walken weiter auf den Wilhelm-Keil-Weg. Über den Wilhelm-Hoffman-Steg gelangen wir zur Archivstraße. Vorbei am alten Amtsgericht walken wir zur Olgastraße. Hier befinden sich einige prunkvolle Gebäude, zum Teil mit Stilelementen aus der Neorenaissance und des Klassizismus. Vorbei an der Villa Bohnenberger und am königlichen Kriegsministerium erreichen wir eine Kreuzung, wo wir in die Werastraße einbiegen. 60 m rechts führen dann die Staffeln (Stufen, Treppen) der Eugenstraße bergauf. Vorbei an schattenspendenden Bäumen passiert man die Brunnenanlage „Zur schönen Galatea", zur Zeit ihrer Errichtung im Jahre 1890 wegen der Freizügigkeit der Figuren sehr umstritten. Auf der anderen Seite des Eugenplatzes gehen wir ein Stück die Wagenburgstraße weiter, dann führt die Gerokstaffel weiter zur Gerokstraße. Wir biegen rechts ein, nach etwa 200 m steigen wir die Staffeln zwischen alten Gärten zur Hillertsstraße hoch, die dann zur Gänseheidestraße wird. Diese Gegend war um die Jahrhundertwende die bevorzugte Wohnlage in Stuttgart. Wer eine Erfrischung braucht, kann dies im Biergarten des griechischen Restaurants Ilysia haben. Sonst biegen wir am Albrecht-Goes-Platz (hier befand sich früher ein kleiner See, deshalb heute der Name der Haltestelle „Bubenbad") nach rechts in die Richard-Wagner-Straße ein, gehen hier weiter bis wir auf die gut gesicherte schlossähnliche Villa Reitzenstein stossen. Die Villa ist heute als Staatsministerium Sitz des Ministerpräsidenten von Baden-Württemberg. Hohe Zäune und Sicherungsanlagen schirmen die Villa ab. Das Palais wurde 1911 erbaut und hat 61 Zimmer. An der nächsten Kreuzung halten wir uns rechts und biegen gegenüber dem französischen Konsulat in Steingrübenweg ein, der zur Stauffenbergstraße hinunterführt. Die Straße führt uns nach rechts weiter. Immer wieder bieten sich wunderschöne Blicke auf die Stadt, alte Bauten und einsame Kleinode. Links geht es dann die Staffeln zur Dobelstraße hinunter, dann müssen wir die stark befahrene Hohenheimerstraße überqueren. Auf der anderen Seite der Straße geht es ein kurzes Stück hoch bis wir zur Wächterstraße kommen. Nach einem kurzen Stück geht es die steile Wächterstaffel hinunter, über die Alexanderstraße kommen wir auf die Olgastraße. Nach dem Überqueren der Katharinenstraße gelangen in die Leohardsstraße, vorbei an vielen Bars und Clubs (Stuttgarts „Sündiger Meile"), am

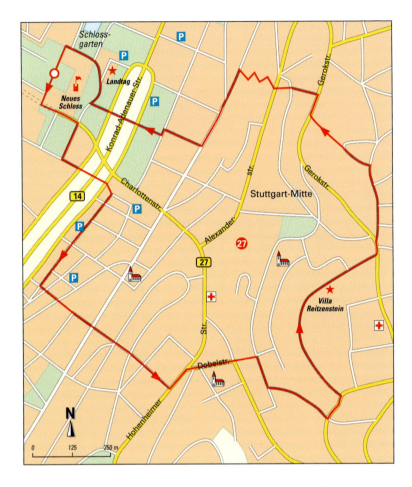

Gustav-Siegele-Haus vorbei zur Leonhardskirche (1463 erbaut) am Leonhardsplatz. Durch die Unterführung gelangen wir über die Marktstraße, Karlspassage und Karlsplatz vorbei am Denkmal von Kaiser Wilhelm I. zum Schlossplatz zurück. Hier endet die Tour, die gleichzeitig ein kurzer Ausflug in die Stuttgarter Geschichte war.

Service-Teil

Um Ihnen aus der Vielfalt der angebotenen Touren eine schnelle Auswahl zu ermöglichen, soll Ihnen folgende Übersicht eine Hilfe sein:

Touren für Einsteiger
Tour 1: Durch den Stuttgarter Schlossgarten
Tour 3: Von den Mineralbädern zum Daimlerstadion
Tour 4: Rund um die Bärenseen
Tour 5: Zum Katzenbacherhof und Katzenbachsee

Touren für Fortgeschrittene
Tour 12: Siebenmühlental
Tour 16: Ludwigsburger Schlösser
Tour 24: Von den Mineralbädern zum Max-Eyth-See
Tour 26: Durch den Naturpark Schönbuch

Kurztouren für wenig Zeit
Tour 6: Rund um die Villa Berg
Tour 8: Unterhalb des Fernsehturms
Tour 11: Hohenheimer Anlagen
Tour 18: Vom Feuersee zur Karlshöhe
Tour 19: Im Kurpark des Mineralbades Cannstatt

Informationen im Internet:
www.nordic-sturttgart.de
Auf dieser Seite erhalten Sie Aktualisierungen zu den Touren aus diesem Führer, zusätzliche Fotos sowie nützliche Links zu Nordic Walking Verbänden, Kursanbietern und Ausrüstungsanbietern. Sie haben auch Gelegenheit Ihre Meinung und Anmerkungen zu den Tourenbeschreibungen in diesem Führer mitzuteilen. Wird am 1. Januar 2005 aktiv.

www.running-magazin.de
Der Verlag der Laufzeitung „running" bringt jetzt auch eine regelmässige Walking Zeitung heraus. „Walking spezial" soll 10 mal im Jahr erscheinen. Walking und Nordic Walking werden behandelt.

www.fit-mit-walking.de
Aus dem Verlag der Laufzeitung „Laufzeit" kommt die älteste deutsche Walking Zeitung (seit 2 Jahren) „Fit mit Walking". Walking und Nordic Walking werden abgedeckt.

www.walkingonline.de
Walkingportal, das alle Themen rund ums Walking und Nordic Walking abdeckt. Bücher, Treffs, Events, Ausbildungen. Wird vom Verfasser diese Buches betrieben.

www.walkingportal.de
Walkingportal, das alle Themen rund ums Walking und Nordic Walking abdeckt. Bücher, Treffs, Events, Ausbildungen und weitere Angebote. Wird von einem Walking Fan im Rheinland betrieben.

www.nordic-walking.de
Nordic Walking Portal, das alle Themen rund ums Walking und Nordic Walking abdeckt. Bücher, Treffs, Events, Ausbildungen und weitere Angebote. Wird von einem Nordic Walking Fan am Rennsteig betrieben.

www.nordicfitness.info
Website eines Ausbildungsinstitutes für Nordic Walking Trainer. Bildet nach INWA Richtlinien aus.

www.nordicwalking.com
Website eines grossen Stockherstellers, der massgeblich Nordic Walking weiterentwickelt hat.

http://inwa.nordicwalking.com ist die Website des Internationalen Nordic Verbandes, nach dessen Richtlinien bisher 15000 Trainer weltweit ausgebildet wurden. Der deutsche Unterverband ist die GNFA (German Nordic Fitness Association)

www.wetter.com
Hier bekommen Sie die zuverlässige lokale Wettervorhersage. Besonders nützlich ist die Regenwahrscheinlichkeit in Prozent.

www.lv-bw.de
Auf der Website des Landesamtes für Vermessung werden alle Karten aus Baden-Württemberg angeboten, auch auf CD, mit Beispielen.

Warum ist mein Puls immer so hoch?

Worauf muss ich achten, wenn ich mir neue Walking-Schuhe kaufe?

Habe ich die richtige Sportkleidung? Da bin ich wirklich unsicher.

Warum haben andere ihr Gewicht besser im Griff?

Wir walken dreimal in der Woche. Ist das zu wenig?

Wie bleibe ich auf Dauer fit?

Wie sollte ich mich jetzt ernähren, wenn ich regelmäßig Sport treibe?

Lieber mit Stöcken oder ohne?

Fragen über Fragen.
Hier ist die Antwort:

Alle zwei Monate.
Einzelheft nur EUR 2,00 bei
Ihrem Zeitschriftenhändler.
Oder direkt im Verlag:
Telefon: +49 (0)30 423 50 66
Telefax: +49 (0)30 424 17 17
E-Mail: info@fit-mit-walking.de
Internet: www.fit-mit-walking.de

www.magicmaps.de
Website die interaktive Kartenwerke anbietet, auch auf CD ROM und DVD. Wurde für diese Publikation zur Unterstützung verwendet.

www.garmin.de
Website eines Herstellers von Satelitten Navigationsgeräten mit GPS. Die Geräte gibt es nun auch für Wanderer, Walker und Läufer. Zur Streckenvermessung der Touren in diesem Buch wurde der Forerunner 201 eingesetzt. Überzeugend war hier die hohe Genauigkeit.

Notruf
Über die 112 erreicht man die Rettungsleitstelle, die bei Notfällen Hilfe schickt. Gegen Unterzuckerung durch die Anstrengung beim Sport sollten anfällige Nordic Walker immer Traubenzucker und ein Getränk dabei haben. Ist man in einer größeren Gruppe unterwegs sollte immer ein Mobiltelefon dabei sei. Gerade in der Gruppe lohnt es sich auch ein kleines Erste-Hilfe-Set mitzunehmen. Nützliche Päckchen gibt es regelmäßig als Sonderangebote, diese Ausstattung ist meist ausreichend. Ferner sollte bei Gruppen der Leiter eine spezielle Erste Hilfe Ausbildung haben.

Touristische Auskünfte
Tourismus Marketing GmbH Baden-Württemberg
Esslinger Straße 8
70182 Stuttgart
Tel.: +49 07 11/2 38 58-0
Fax: +49 07 11/2 38 58-98
E-Mail: info@tourismus-bw.de
www.tourismus-bw.de

Stuttgart-Marketing GmbH
Lautenschlagerstr. 3
70173 Stuttgart
Tel.: +49 07 11/22 28-240
Fax: +49 07 11/22 28-217
Email: info@stuttgart-tourist.de
www.stuttgart-tourist.de

Sie suchen nach einer Sportart, die Spaß macht, die Gelenke schont und Ihren Körper in Einklang mit der Natur bringt? Dann sollten Sie einmal "Walking" ausprobieren. Es gibt auch einen AOK-Walkingtreff ganz in Ihrer Nähe. Und viele Walking-Treffs bieten auch "Nordic-Walking" an. Übrigens: Auch die Stuttgarter Stäffele sind ideal fürs Walken. Informationen zum "Stuttgarter Stäffeles-Walk" gibt es bei der

AOK - Die Gesundheitskasse Stuttgart
Telefon: 0711 2069-703
E-Mail: aok.stuttgart@bw.aok.de
Internet: www.aok.de

Weitere lieferbare Titel

www.stoeppel.de

Nordic Walking

Die schönsten Strecken rund um München
und Umgebung
ISBN 3-89987-251-7

Die schönsten Strecken rund um Hamburg
mit Lüneburger Heide
ISBN 3-89987-253-3

Die schönsten Strecken rund um Berlin
mit Potsdam und Spreewald
ISBN 3-89987-254-1

Die schönsten Strecken rund um Leipzig
mit Grünem Ring
ISBN 3-89987-255-X

Die schönsten Strecken rund um Frankfurt
mit Spessart, Taunus und Odenwald
ISBN 3-89987-256-8

Die schönsten Strecken rund um Köln/Bonn
und Umgebung
ISBN 3-89987-257-6

Die schönsten Strecken rund um Nürnberg
mit Fürth und Erlangen
ISBN 3-89987-258-4

»Touren Download

Unser exklusiver Service!

» Unter www.stoeppel.de/nw-touren bieten wir Ihnen beschriebene und illustrierte Touren <u>aus allen lieferbaren Nordic-Walking Streckenführern</u> zum Download* an.

» Die Downloads eignen sich ideal zum ausdrucken und mitnehmen. Sie schonen damit nicht nur Ihr Buch, sondern haben immer nur den Teil dabei, den Sie wirklich brauchen.

» Jeder Download enthält sämtliche Informationen, die ausführliche Beschreibung sowie den dazugehörigen Kartenausschnitt der jeweiligen Tour.

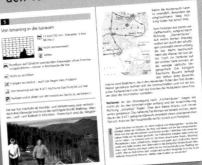

» Den Download-Bereich und weitere nützliche Infos finden Sie unter
www.stoeppel.de/nw-touren

Klicken Sie gleich mal 'rein!

---

*Touren-Download gegen eine geringe Servicepauschale für Datenhandling

Ortsregister

Amphoren 76
Asemwald 63

Bärensee 44
Bärenschlössle 43
Baumoval 73
Böblingen 73

Daimler Konzernzentrale 63
Daimler Stadion 41
Degerloch 54

Fernsehturm 55
Feuerbacher Wald 99
Feuersee 89
Frauenkopf 51

Geroksruhe 51
Gottlieb-Daimler-Denkmal 94

Hauptbahnhof 87
Haus des Waldes 56
Hohenheim 65

Jagdschloss Favorite 85
Johanniskirche 89

Karlshöhe 89
Katzenbacher Hof 45
Katzenbach See 45
Killesberg 102
Killesbergturm 102
Kletterwand 59
Kräherwald 113
Kurpark Cannstatt 93

Landtag 86
Löwentor 39
Ludwigsburger Schloss 82

Mineralbäder 49
Max-Eyth-See 109

Naturkundemuseum 39
Neuer See 44
Neues Schloss 88

Pfaffensee 44
Planetarium 36

Rosensteinpark 39
Runder Baum 67

Schlossgarten, Oberer-, Mittler-, Unterer- 36
Schillerlinde 51
Schlossplatz 88
Schloss Rosenstein 39
Schloss Monrepos 85
Schönaicher First 108
Schönbuch 117
Siebenmühlental 69
Sindelfingen 77
Soldatengrab 118
Sommerhof 77
Stäffeles 89
Staatstheater 36
Steigwald 97

Tal der Rosen 103
Teststrecke Daimler 41
Teufelsee 118

Unterer See 74

Villa Berg 104
Villa Reitzenstein 120

Waldau 54
Wasen 41
Wilhelma 39
Willy-Reichert-Staffel 89

Testen Sie jetzt das Probe-Abo!

nordic sports MAGAZIN

DAS Magazin für Ausdauer und Fitness.

Sofort anrufen bei:
Nordic Sports MAGAZIN
Abo-Service
+49-(0)-40 / 80 80 22 333

Oder per Fax:
+49-(0)-40 / 80 80 22 299

Entscheide ich mich nach der zweiten Ausgabe zum Weiterlesen, zahle ich für 6 Ausgaben **Nordic Sports MAGAZIN** den Jahresvorzugspreis von € 19,50 (Österreich € 21,90 – Schweiz SFr 39,00). Möchte ich nicht weiterlesen, schicke ich innerhalb von zehn Tagen nach Erhalt des zweiten Probeheftes eine kurze Info an die hzv GmbH, **Nordic Sports MAGAZIN** Abo Service, Jessenstr. 3, D-22767 Hamburg, und alles ist erledigt.

2 Ausgaben kostenlos

www.nordicsports.de

Traningsprotokoll

Datum	Strecke	Km	Zeit	Puls Start	Puls Ziel	Bemerkungen

Das Trainingsprotokoll soll Ihnen einen schnellen Überblick über Ihr Training und Ihre Fortschritte gewähren.